Kaiserburg mit Sinnwellturm (links) und Luginsland (rechts).

Tim Sünderhauf und Thilo Bayer

Nürnberg

55 Meilensteine der **Geschichte**

Menschen, Orte und Ereignisse, die unsere Stadt bis heute prägen

SUTTON

Inhalt

Nürnberg
Weltruhm, Fall und Wiedergeburt 6

1 Auf dem Fels in die Freiheit
Die Ursprünge der Stadt 8

2 Der Eremit und sein Grab
Die Sebalduskirche und ihr Namensgeber 10

3 Wahrzeichen der Stadt
Die Kaiserburg 12

4 Verjagt und ermordet
Jüdisches Leben und Sterben in Nürnberg 14

5 Vom Geist des Mittelalters
Alle Wege führen zur Lorenzkirche 16

6 Eine königliche Beziehung
Zwei Herrscher als Förderer 18

7 Unmittelbar privilegiert
Der Rat und die Selbstverwaltung 20

8 Die Monopole der Pfeffersäcke
Der reichsstädtische Handel 22

9 Pesthäuser, Spitäler, Kliniken
Die städtische Krankenversorgung 24

10 Eine der längsten Europas
Die Stadtmauer und ihre Türme 26

11 Vom Sumpf zum Stadtplatz
Die Entwicklung des Hauptmarktes 28

12 … geht durch alle Land
Das Nürnberger Handwerk 30

13 Von der Bibel zur Weltchronik
Bücher, Schriften, Landkarten 32

14 Berühmtester Sohn der Stadt
Albrecht Dürer und sein Wirken 34

15 Bronze auf Stein
Johannis- und Rochusfriedhof 36

16 Luthers Außenstelle
Der Weg zur Reformation 38

17 Schuster, bleib bei deinen Leisten
Hans Sachs und die Meistersinger 40

18 Stolzer Profanbau
Das Rathaus und seine Prunksäle 42

19 Im dunklen Untergrund
Lochgefängnisse und Felsengänge 44

20 Alte und Neue Landschaft
Reichswald und Landbesitz 46

21 Inseln und Brücken
Leben an der Pegnitz 48

22 Der Nachrichter von Nürnberg
Meister Franz und das Strafgesetz 50

23 Krieg und Frieden
Der Nürnberger Exekutionstag 1649 52

24 Wie Familie Tucher lebte
Herrensitze und Barockgärten 54

25 Von der Puppe zum Schmetterling
Die Anfänge der Maria Sibylla Merian 56

26 Nürnberger Straßenkünstler
Historische Stadtansichten 58

27 Justizmord im Auftrag Napoleons
Die Hinrichtung des Verlegers Palm 60

28 Das Ende als freie Reichsstadt
Nürnberg kommt zu Bayern 62

29 Des Reiches Schatzkästlein
Die romantische Mittelalterstadt 64

30 Paneuropäische Wasserstraße
Alter und neuer Kanal 66

31 Vom Adler zur Fressmeile
Nürnberg und die Eisenbahn 68

32 Das rote Nürnberg
Die Fabrik- und Arbeiterstadt 70

33 25.000 Ausstellungsstücke
Das Germanische Nationalmuseum 72

34 Rotbier und Helles
Die Brauereigeschichte der Stadt 74

35 Der Nürnberger Stil
Bauentwicklung bis 1900 76

36 Denkmal des Größenwahns
Das Reichsparteitagsgelände 78

37 Blutschutz und Friedenstafel
Nürnberg und die Menschenrechte 80

38 Nur noch eine Trümmerwüste
Zerstörung und Wiederaufbau 82

39 Schwurgerichtssaal 600
Die Nürnberger Prozesse 84

40 Wegweiser in die Demokratie
Die Nürnberger Zeitungen 86

41 Für Arbeitslose und Flüchtlinge
Sitz zweier Bundesbehörden 88

42 Besuchermagnet mit Dramen
Der Tiergarten Nürnberg 90

43 Tradition und Touristen
Der Nürnberger Christkindlesmarkt 92

44 Lebzelter und Zeidler
Exportschlager (Elisen-)Lebkuchen 94

45 Mit Kraut oder als Drei im Weggla
Die kleinste Bratwurst der Welt 96

46 Automatisiert und fahrerlos
Unterwegs mit U-Bahn und Tram 98

47 Geliebter Depp
Der Club und seine Fans 100

48 Stetiger Aufstieg
Die Entwicklung des Flugbetriebs 102

49 Von der Vielfalt zum „Cinemagnum"
Die Nürnberger Kinoszene 104

50 Garten dreier Städte
Das Knoblauchsland 106

51 Kunst und Kontroversen
Nürnberger Kessel und Blaue Nacht 108

52 Volks- und Stadtparks
Naherholung in Nord und Süd 110

53 Barden, Rocker, Klassik-Fans
Hier spielt die Musik 112

54 Spielwaren und Konsumgüter
Die Welt zu Gast im Messezentrum 114

55 Die Zukunft im Blick
Die Stadt als Hochschulstandort 116

Autor und Fotograf 118

Danksagung und Bildnachweis 119

Nürnberg
Weltruhm, Fall und Wiedergeburt

Nürnberg heute, das sind für Besucherinnen und Besucher in erster Linie Fachwerk, Sandstein und Butzenscheiben, Lebkuchen und Bratwürste, Reichsparteitagsgelände und Schwurgerichtssaal. Doch jenseits aller touristischen Klischees hat die Stadt eine noch viel reichhaltigere Geschichte.

So war die Nürnberger Burg einst wichtiger Sitz römisch-deutscher Herrscher und Schauplatz des ersten Hoftags jedes neu gekrönten Reichsoberhaupts. 350 Jahre lang beherbergte die „liebliche Noris", wie ein Dichter der Renaissance die Stadt latinisierend nannte, die Reichskleinodien. Sie war die erste Reichsstadt, die die Reformation einführte, und Hort des Humanismus und der Kunst.

So schreibt Bruno Preisendörfer, großer Erklärer des Alltagslebens der Deutschen in früheren Zeiten („Als unser Deutsch erfunden wurde – Reise in die Lutherzeit"), dass die Lutherzeit „für Kunsthistoriker (und natürlich für Nürnberger) eher die Dürerzeit ist". Recht hat er, war Dürer doch zweifellos der herausragendste Künstler des deutschsprachigen Raumes – wenn auch keineswegs die einzige Nürnberger Berühmtheit ihrer Zeit.

Dank der Kunst seiner Zeichner und Bildhauer, Buchdrucker und Kartografen, der Denkart seiner Humanisten und Meistersinger, des Zusammenspiels seines Handwerks und seiner Kaufleute war Nürnberg um 1500 eine Stadt von Weltruhm. Das beweist auch Preisendörfer, indem er Nürnberg in seinem Werk „Reise in die Lutherzeit" rund 200 Mal erwähnt – und damit öfter als die anderen zehn größten deutschen Städte jener Zeit zusammengenommen.

Dank seiner Strahlkraft war Nürnberg zum Ende des Mittelalters mit rund 38.000 Einwohnern die drittgrößte Stadt des deutschsprachigen Raumes, hinter Köln und Prag, aber noch vor Augsburg, Danzig und Hamburg – und weit vor München (was an dieser Stelle erwähnt sein soll, um ein wenig die fränkische Seele zu streicheln).

Doch nichts hält ewig, und so verblasste auch der Ruhm der Noris, bis diese 1806 ihren Status als freie Reichsstadt verlor und zur Provinzstadt im Königreich Bayern herabsank. Auf einmal schien Nürnberg aus der Zeit gefallen, düster und hässlich. Bis romantisch Gesinnte es als mittelalterliches Schatzkästlein wiederentdeckten. Zugleich schwang Nürnberg sich zur Industriemetropole und Hochburg der Arbeiterschaft auf.

Doch Nürnberg hat auch eine dunkle Seite, war die Stadt doch Ort der Judenpogrome und der „Rassegesetze" und als Stadt der Reichsparteitage als größtes Massenaufmarschgelände Deutschlands, wenn nicht der Welt vorgesehen. Das alles ließ die Noris häufiges Ziel der alliierten Luftangriffe werden.

Zwar sind die Spuren des Krieges im Stadtbild heute noch zu finden. Doch hat der in einem grandiosen Kraftakt vollzogene Wiederaufbau nach 1945 eine Stadt hervorgebracht, die Alt und Neu verbindet und die keineswegs mehr düster und hässlich ist – mit einem reichhaltigen Kultur- und Freizeitangebot, mit Parks und Gärten sowie einer verantwortungsbewussten Erinnerungspolitik.

Plan der Stadt aus dem Werk „Des Heil. Röm. Reichs Stadt Nürnberg Zierdte" von 1702.

Das schätzen auch auswärtige Gäste, von denen jährlich rund zwei Millionen den Weg in die Frankenmetropole finden. Daneben ist Nürnberg als urbanes Zentrum der gleichnamigen Metropolregion (zu der auch die Städte Fürth, Erlangen und Schwabach zählen) wichtiger Arbeitgeber für zahlreiche im Umland lebende Menschen. Ganz in der Tradition der Handwerker- und Arbeiterstadt früherer Tage ist die Noris bis in die Gegenwart ein wichtiger Industriestandort geblieben.

Nürnberg heute, das mag für Auswärtige also vordergründig Burg und Dürer, Bratwurst und Lebkuchen, Mittelalterromantik und NS-Größenwahn sein. Doch für seine rund 530.000 Einwohner ist die zweitgrößte Stadt Bayerns in erster Linie eine, in der es sich gut leben und arbeiten lässt – und deren reichhaltige Geschichte immer wieder Gelegenheit bietet, aus dem Alltag auszubrechen. Dazu möchte dieses Buch Gelegenheit geben.

1 Auf dem Fels in die Freiheit
Die Ursprünge der Stadt

Im Jahr 2050 wird Nürnberg das 1000. Stadtjubiläum feiern. Zurückzuführen ist das auf die älteste schriftliche Erwähnung der späteren Stadt als „Norenberc" in der sogenannten Sigena-Urkunde. Die Besiedlung des Nürnberger Raumes ist aber viel älter. Sie begann womöglich 65.000 Jahre vor unserer Zeit.

Am 16. Juli 1050 trat ein Edler namens Richolf vor Heinrich III., den römisch-deutschen Kaiser. In Richolfs Begleitung war eine Unfreie mit Namen Sigena, um deren Freimachung er den Herrscher bat. In einem symbolischen Akt schlug Heinrich III. daraufhin der Frau einen Pfennig aus der Hand. Vermutet wird, dass eine Eheschließung zwischen Richolf und Sigena Hintergrund der Handlung war.

Schriftlich niedergelegt wurde das oben beschriebene Geschehen in einem Dokument, welches das Stadtarchiv Nürnberg heute als einen seiner größten Schätze bewahrt: die sogenannte Sigena-Urkunde. Sie nennt als Ort des Geschehens eine Befestigung nördlich der Pegnitz, in deren Mauern Heinrich auf einer Reise einen Hoftag abhielt – und ist der erste schriftliche Beleg für die Existenz einer Örtlichkeit namens „Norenberc".

Der Name (auch „Norinberch" oder „Nuorinberch") wird heute von der Geschichtsforschung auf das Wort „Nor" für „Fels" zurückgeführt. Andere Theorien verweisen auf einen möglichen Zusammenhang mit dem bayerischen Nordgau, der im Mittelalter weite Teile der späteren Oberpfalz nördlich der Donau umfasste und sich zeitweilig bis zum Zusammenfluss von Rednitz und Pegnitz erstreckte.

Als humanistische Gelehrte die Stadt im 15. Jahrhundert mit den römischen Gründungen Augsburg und Regensburg gleichstellen wollten, brachten sie den Namen „Norenberc" mal mit Tiberius Claudius Nero (dem römischen Kaiser Tiberius), mal mit dem keltischen Stamm der Noriker in Verbindung. Auch der Chorturm der Burgkapelle, aufgrund seiner ungewöhnlichen romanischen Skulpturen der römischen Göttin Diana zugesprochen und als Heidenturm bezeichnet, diente als (vermeintliche) Bestätigung für eine römische Gründung. Dass die Römer so weit nördlich der Donau (und damit des Limes) eine Niederlassung gründeten, gilt heute jedoch als ausgeschlossen.

Ältester Nachweis menschlicher Existenz im Nürnberger Raum ist ein rund 65.000 Jahre alter Backenzahn eines Neandertalers aus einer Höhle bei Hunas (rund dreißig Kilometer östlich der Stadt). Weitere archäologische Funde belegen für die folgende Stein-, Bronze- und Eisenzeit die fortgesetzte Anwesenheit von Menschen auf dem heutigen Stadtgebiet. So wurden aus bronzezeitlichen Grabstätten unter anderem Reste von Gefäßen, Beilen, Nadeln und Messern geborgen, als bedeutungsvoll gelten Funde bei Mögeldorf und Hammer (Laufamholz), in jüngster Zeit fanden Archäologen bei Wetzendorf Nachweise

Die Sigena-Urkunde mit der ersten Erwähnung von „Norenberc".

menschlicher Niederlassungen aus der Zeit zwischen 1800 und 380 vor Christus.

Spätestens seit 800 vor Christus waren für das Stadtgebiet keltische Einflüsse maßgeblich, die sich mit Unterbrechung auch erneut ab etwa 150 vor Christus belegen lassen. Die endgültige Abwanderung der Kelten aus dem kompletten süddeutschen Raum, wohl mit versursacht durch das Eindringen germanischer Stämme, erfolgte ungefähr 60 Jahre vor unserer Zeitrechnung.

Die Spuren der folgenden Jahrhunderte sind weniger eindeutig. So sind archäologisch einerseits slawische Funde nachweisbar, zugleich wurde das heutige Stadtgebiet lange dem bayrischen Nordgau als nordwestlichster Zipfel und damit dem Machteinfluss der (aus dem heutigen Altbayern und Österreich stammenden) Baiern zugeordnet. In Teilen der heutigen Metropolregion breiteten sich im 8. Jahrhundert wiederum von Westen her die Franken aus und gründeten unter anderem die Königshöfe Forchheim und Fürth. Doch erst ab dem späten 9. Jahrhundert ist auch zwischen südlichem Burgberg und Pegnitz archäologisch eine durchgehende Besiedelung nachweisbar.

Diese bildete nach neueren Erkenntnissen wohl die Keimzelle der späteren Stadt. In Ermangelung älterer schriftlicher Belege wird jedoch das Jahr 1050 als historischer Startpunkt für Nürnbergs Stadtgeschichte herangezogen. Und so kennt den Namen Sigena heute jedes Nürnberger Schulkind.

2 Der Eremit und sein Grab
Die Sebalduskirche und ihr Namensgeber

Die älteste Pfarrkirche Nürnbergs bildet den Mittelpunkt des Altstadtteils nördlich der Pegnitz. Ihr Namensgeber ist zugleich Stadtpatron. Seine Gebeine lockten schon vor 950 Jahren die Pilger nach Nürnberg – und machen heute ein evangelisches Gotteshaus mit katholischem Heiligengrab möglich.

Einst stand eine dem heiligen Petrus gewidmete hölzerne Kirche an jener Stelle, an der heute die Türme der Sebalduskirche in die Höhe ragen. Doch bald war diese dem aufstrebenden Bürgertum nicht mehr genug. So wurde um 1230/40 mit dem Bau einer steinernen Basilika begonnen, der ältesten Pfarrkirche Nürnbergs, die noch heute eines der beeindruckendsten Bauwerke der Sebalder Altstadt ist.

Für ihre dreischiffige, doppelchörige Kirche im spätromanischen Stil orientierten sich die Nürnberger am Bamberger Dom und setzten eine ehrgeizige Bauzeit von nur wenigen Jahrzehnten an. Mit Erfolg: 1274/75 war der Bau fertiggestellt, erwies sich aber bereits wieder als zu klein für die erneut gewachsene Stadt. So erfolgten in den nächsten rund hundert Jahren Erweiterungen im Stil der Hoch- und Spätgotik, allen voran der Umbau der Seitenschiffe, die Errichtung von Querhaus- und Seitenschiffportalen sowie der Bau des Hallenchors.

Weitere hundert Jahre später stockte man die Türme um gut 25 Meter auf und errichtete deren Dächer in der heutigen Form – seinerzeit aber noch aus Zinn. Der Südturm erhielt seine Kupferdeckung Mitte des 17. Jahrhunderts, was dazu führte, dass die Türme der Sebalduskirche bis zum Zweiten Weltkrieg unterschiedliche Farben zeigten.

Gewidmet worden war das Bauwerk bei seiner Errichtung keinem weit über die Region hinaus berühmten Kirchenvertreter oder Märtyrer, sondern einem Einsiedler, der im 11. Jahrhundert in der Gegend um Nürnberg lebte und hier verstarb. Bereits aus dem Jahr 1070 ist überliefert, dass dieser Sebaldus Wunder gewirkt haben soll. Die ersten Pilger zogen an sein Grab nach Nürnberg, und so lag es für die Stadtherren nahe, den Nürnberger Eremiten zu ihrem Stadtpatron zu ernennen.

1425 wird Sebaldus auf Bitten des Rates der Stadt von Papst Martin V. heiliggesprochen. Bereits seit dem späten 14. Jahrhundert ruhen seine Gebeine im zugleich bedeutendsten Kunstwerk, das die spätromanische Basilika heute vorzuweisen hat: einem mit Silber beschlagenen Reliquienschrein (nürnbergisch: dem „Sarch“). Um 1500 schuf dann der Bildhauer und Rotschmied Peter Vischer ein gegossenes Messinggehäuse, das in der Folgezeit noch mehr Pilger anlocken sollte.

Man darf sich die Sebalduskirche in der damaligen Zeit wohl weitaus farbenfroher vorstellen, als sie es heute ist. So waren unter anderem die (anders als in der Lorenzkirche) durchgehend bis zur Decke verlaufenden Fenster einst alle-

Blick von einer Empore im Ostchor durch das Mittelschiff der Sebalduskirche. Zentral ganz am Ende im Westchor: der „Sarch".

samt kunstvoll bemalt. Heute sind noch einige der farbigen Bleiglasfenster (unter anderem nach Entwürfen von Albrecht Dürer) im Original erhalten, darunter das sogenannte Bamberger Fenster und das von Kaiser Maximilian I. gestiftete Kaiserfenster.

Seit Nürnbergs Übertritt zum Luthertum 1525 veränderte sich kaum noch etwas im Inneren der Basilika. In der Zeit des Barock wurden die Wände innen geweißt und Emporen für die Patrizier eingebaut. Deren Rückbau zu mehr (vor allem farblicher) Schlichtheit erfolgte im 19. Jahrhundert aufgrund des romantisch verklärten Mittelalterbildes jener Zeit. Durch Bombardierungen und Artilleriebeschuss in den Jahren 1942 bis 1945 wurde die Basilika St. Sebald schwer beschädigt, ihre 1440 erbaute Orgel, auf der um 1700 der Organist und Komponist Johann Pachelbel spielte, wurde ein Raub der Flammen.

Der Wiederaufbau der Kirche in alter Pracht erfolgte schwerpunktmäßig bis 1957 und zog sich in Teilen noch weitere Jahrzehnte hin. Heute ist die Sebalduskirche als ein evangelisches Gotteshaus mit katholischem Heiligengrab etwas Besonderes unter deutschen Kirchenbauten.

3 Wahrzeichen der Stadt
Die Kaiserburg

Die Ursprünge einer Befestigung auf den Sandsteinfelsen nördlich der Pegnitz reichen bis ins 10. Jahrhundert zurück. Die Nürnberger Kaiserburg von heute ist jedoch Ergebnis aus mehreren hundert Jahren Errichtung und Umbau, Zerstörung und Wiederaufbau – und stellt eigentlich nur einen Teil der Anlage dar.

Dort, wo heute noch die Kaiserburg auf dem Sandsteinfelsen thront, entstand im 11. Jahrhundert eine königliche Anlage, bestehend aus einem Palas (Hauptgebäude) und zwei Nebengebäuden. Es war vermutlich der deutsche König Heinrich III., der die Befestigung um 1040 gründete. Sein Hoftag im Jahr 1050 führte zur ersten urkundlichen Erwähnung Nürnbergs. In dieser Zeit liegen die Anfänge der Burg als sogenannte Königs- und Kaiserpfalz, also als Residenz des jeweiligen umherziehenden Herrschers des Heiligen Römischen Reiches.

Bereits hundert Jahre später führten zeitweilige Zerstörung und anschließender Wiederaufbau zu deutlichen Veränderungen, erstmals sind nun auch eine Burgkapelle sowie der Fünfeckturm belegbar. Entscheidende Umbauten hin zu der Anlage, wie wir sie heute kennen, fielen in die Zeit um 1200: Bis dahin war ein zweiteiliger Palas mit vorgelagerter Doppelkappelle entstanden.

Weitere Änderungen (so ein durchgehender Saal im Erdgeschoss des Palas) folgten in der zweiten Hälfte des 13. Jahrhunderts, bis die Burg 1313 von Kaiser Heinrich VII. der Stadt überlassen wurde. In den folgenden 200 Jahren wurde sie immer wieder umgebaut, verlor an Bedeutung und diente zunehmend weniger zur Unterbringung von Herrschern denn als Hintergrund für festliche Anlässe.

Die eigentliche Kaiserburg umfasst noch heute die Vorburg, die man entweder über die Freiung (die Aussichtsplattform mit Blick über die Stadt) oder das darunter gelegene Himmelstor betritt. Neben mehreren Wirtschaftsgebäuden beinhaltet sie auch den in der zweiten Hälfte des 13. Jahrhunderts als Bergfried (Hauptwehrturm) errichteten Sinwellturm (mittelochdeutsch für runder Turm) sowie das aus dem 16. Jahrhundert stammende Brunnenhaus mit Tiefem Brunnen. Letzterer zählt wohl zu den ältesten Teilen der Burg und war mit seinem rund 50 Meter tiefen Schacht die einzige Wasserversorgung der Burg im Belagerungsfall. Durch ein weiteres Tor gelangt man in die Hauptburg mit innerem Burghof, Palas und Kemenate, in denen sich seit 1999 eine Dauerausstellung zur Geschichte der Burg sowie das Kaiserburg-Museum befinden.

Östlich der Freiung findet sich hingegen mit der Walpurgis-Kapelle ein nicht zur Kaiserburg gehörendes Gebäude. Zusammen mit seinem Vorgelände bis hin zum Fünfeckturm umfasst dieses den Bereich, der seit dem 12. Jahrhundert als Sitz des Burggrafen fungierte. Die Burggrafen, seit dem späten 12. Jahrhundert aus dem schwäbischen Haus Zollern, waren in

Der Vorhof der Kaiserburg: links der Heidenturm, in der Mitte das Brunnenhaus mit dem Tiefen Brunnen, der ebenso wie der Sinnwellturm (nicht im Bild) besichtigt werden kann.

Abwesenheit des Herrschers für die Sicherung und Verwaltung des lokalen Reichsbesitzes zuständig.

Zentrum der Burggrafenburg war ein wohl dreigeschossiger (heute nicht mehr existenter) Bau. An dessen östlichem Ende ließ der Nürnberger Rat, der sich mit den Zollern in Dauerfehde befand, in der zweiten Hälfte des 14. Jahrhunderts den Luginsland errichten, um den Burggrafen besser überwachen zu können. Als die Burggrafenburg Anfang des 15. Jahrhunderts in einem Erbschaftsstreit zerstört wurde, verkauften die (mittlerweile zu Markgrafen von Brandenburg ernannten) Zollern die Ruine schließlich an die Stadt.

Diese, nun Herrin der gesamten Anlage, ließ daraufhin das Gebäude des Burgamtmanns errichten (über den beiden Zugängen zur Kaiserburg) und baute Ende des 15. Jahrhunderts zwischen Fünfeckturm und Luginsland die Kaiserstallung, die insbesondere als Kornspeicher fungierte (seit den späten 1930er-Jahren Jugendherberge). Der Luginsland diente fortan als Gefängnis.

1806 fiel die gesamte Burganlage an das Königreich Bayern. Anfang 1945 durch Bomber schwer zerstört, wurde die Nürnberger Kaiserburg nach dem Krieg bis 1981 wiederaufgebaut. Heute ist sie Eigentum der Bayerischen Schlösserverwaltung – und lockt als bedeutende Wehranlage des Spätmittelalters und stolzes Wahrzeichen der Stadt Touristen und Einheimische immer wieder an.

4 Verjagt und ermordet
Jüdisches Leben und Sterben in Nürnberg

Hetze, Verfolgung, Vertreibung und Ermordung kennzeichnen das Schicksal der jüdischen Gemeinde in Nürnberg vom Mittelalter bis in die Mitte des 20. Jahrhunderts. Dabei prägten jüdische Mitbürger die Stadt insbesondere seit Mitte des 19. Jahrhunderts auf vielfältige Art – und tun dies heute wieder.

Zwar wurden Juden in Nürnberg erst Mitte des 12. Jahrhunderts erwähnt, jedoch erfolgte die erste Ansiedlung wohl schon früher (vermutet werden jüdische Flüchtlinge aus dem Rheinland). Im Zuge der raschen Entwicklung der Stadt ließen sie sich hauptsächlich auf dem Gebiet des heutigen Obst- und Grünen Marktes nieder, bald zählte Nürnberg rund 2.000 Einwohner jüdischen Glaubens.

Zwischen Ende des 13. und Ende des 15. Jahrhunderts erlebte die jüdische Gemeinde dann drei schwere Gewaltexzesse. So wurden im sogenannten Rindfleisch-Pogrom, das aufgrund angeblicher Hostienschändung 1298 in Süddeutschland wütete, 628 Juden in Nürnberg getötet. Unter ihnen war auch der europaweit bekannte Talmudist Mordechai ben Hillel. In den folgenden Jahrzehnten erfolgte dennoch ein erneuter Zuzug.

Als der Rat der Stadt jedoch im Jahr 1349 anlässlich der Pestpogrome die Gelegenheit erkannte, das zentral gelegene Judenviertel zu einem großen Markt umzufunktionieren, fackelte man das ganze Viertel ab. 562 Juden (rund ein Viertel der Gemeinde) wurden ermordet, der Rest, bereits überwiegend geflüchtet, wurde seines Vermögens beraubt. Drei Jahre später entstand am östlichen Rand der Sebalder Stadt ein neues, kleineres Judenghetto, unter anderem sind zwei Synagogen, ein Tanzhaus und ein Ritualbad belegt. Die Judengasse erinnert namentlich noch heute daran.

Parallel wurde an der Stelle der vorherigen Synagoge die Frauenkirche errichtet. 1986 wurde bei Ausgrabungen dort das Fundament eines Pfeilers der alten Synagoge gefunden. 1987 ließ die katholische Kirchengemeinde im Ostchor ein Tabernakel in Form einer Thorarolle, zwölf Jahre später als Mahnmal im Fußboden des Altarraums einen Davidstern mit der Jahreszahl 1349 anbringen.

Dabei war die Verfolgung der Juden in Nürnberg mit jenem Jahr längst nicht beendet. 1499 kam es nach der Lockerung des kirchlichen Zinsverbots, die jüdischen Geldverleih obsolet machte, zur vorerst endgültigen Vertreibung aller Juden aus der Stadt. Erst 1850 erhielt wieder ein Jude die Nürnberger Bürgerwürde. Im Jahr darauf erließ die bayerische Regierung das „Gesetz zur Gleichberechtigung der Juden in Bayern“. Es war der Beginn einer Blütezeit des Judentums. Zwanzig Jahre später zählte die Israelitische Kultusgemeinde Nürnberg (IKGN) über 1.800 Mitglieder und besaß mit Moritz Levin (1843–1914) ihren ersten eigenen Rabbiner. 1874 wurde am Nordufer der Pegnitz (Hans-Sachs-Platz) die erste Synagoge, 1902 eine weitere in der Essenweinstraße (westlich des Opernhauses) eingeweiht.

An der Ostseite des Spitalplatzes (heute Hans-Sachs-Platz) nahe der Spitalbrücke befand sich die 1874 im maurischen Stil errichtete Hauptsynagoge (Fotografie um 1900).

Jüdische Mitbürger übten in der Kaiserzeit als Groß- und Einzelhändler, Mediziner, Bankiers und Fabrikanten großen Einfluss auf die Entwicklung der Stadt aus, taten sich als Mäzene und für das gesundheitliche und soziale Gemeinwohl hervor. Man sah sich als jüdisch-deutsche Patrioten, über 1.500 Nürnberger Juden dienten im Ersten Weltkrieg, 178 von ihnen fielen für ihr Vaterland.

Dennoch entwickelte sich der seit der Kaiserzeit verstärkt auftretende Antisemitismus in den 1920er-Jahren immer stärker ins Extreme und brach sich ab 1933 ungehemmt Bahn: Bis 1945 mussten Tausende der Anfang der 1920er-Jahre etwa 10.000 Mitglieder zählenden IKGN in die Emigration fliehen, über 2.300 Nürnberger Juden fielen dem Holocaust zum Opfer. Nur rund vier Dutzend gelang es, bis Ende des Krieges in der Stadt zu überleben.

Heute befindet sich an der Stelle der ehemaligen Hauptsynagoge an der Spitalbrücke eine Gedenkstätte. Eine neue Synagoge wurde 1984 in der Nordöstlichen Außenstadt eingeweiht. Inzwischen zählt die IKGN etwa 2.500 Mitglieder und ist damit zweitgrößte Gemeinde Bayerns. Insbesondere der gebürtige Nürnberger Arno Hamburger (1923–2013), langjähriger Vorsitzender der Gemeinde sowie Stadtrat, setzte sich nach 1945 dafür ein, den Namen der Stadt in der Welt zu rehabilitieren. Nach ihm wurde eine an die Synagoge angrenzende Straße benannt.

5 Vom Geist des Mittelalters
Alle Wege führen zur Lorenzkirche

Die Pfarrkirche St. Lorenz im gleichnamigen Stadtteil hat im Mittelalter gute und ab der Reformation manch weniger gute Zeit erlebt. Heute zeigt sie sich als klassische spätgotische Basilika und birgt in ihren Hallen einige ganz besondere Kunstschätze.

Mögen auch alle Wege nach Rom führen, so streben die großen Einfallstraßen der Lorenzer Stadtseite allesamt auf eines der bedeutendsten Bauwerke der Stadt zu: die Basilika St. Lorenz. Schlendert man durch die Karolinenstraße nach Osten auf die Kirche mit ihren zwei markanten Türmen zu, fällt als Erstes die mittig über dem Hauptportal prangende steinerne Fensterrose auf – typisches Merkmal gotischer Kirchenbauten (man denke an Notre-Dame de Paris). Ein zweiter Blick auf diesen „Stern von St. Lorenz" lohnt sich von innen, kommen dann doch erst so richtig Pracht und Farbe ihres Glases zur Geltung. Es handelt sich übrigens um das älteste Glas, das die Lorenzkirche heute noch vorzuweisen hat (geschaffen in der Mitte des 14. Jahrhunderts).

Unterhalb der Rosette ist auf der Hauptempore ein weiteres Kunstwerk zu bewundern, doch diesmal weniger eines des Lichts und der Farben als vielmehr eines des Klangs. Die dreiteilige Lorenzer Orgel ist mit ihren 12.000 Pfeifen und 165 Registern eine der größten Orgeln der Welt. Mit ihrem Baujahr 1937 ist sie jedoch eher einer der jüngsten „Schätze" in dem erhabenen Gebäude.

Denn tatsächlich erfolgte die erste bekannte Erwähnung eines an dieser Stelle befindlichen Gotteshauses bereits rund 700 Jahre vor dem Bau der Orgel: 1235 wurde eine Laurentius-Kapelle erwähnt, benannt nach dem „heiligen Lorenz zum Heiligen Grab" (einem römischen Märtyrer des 3. Jahrhunderts nach Christus). Der Baubeginn der dreischiffigen Basilika wird auf Mitte des 13. bis Anfang des 14. Jahrhunderts geschätzt, in den 1390er-Jahren erfolgte eine Erweiterung der Seitenschiffe.

Stand die Lorenzkirche als zweite Pfarrkirche Nürnbergs auch in stetiger Konkurrenz mit der (im Mittelalter bedeutenderen) Pfarrkirche St. Sebald nördlich der Pegnitz, so teilt sie mit ihr doch eine Besonderheit Nürnberger Kirchen: die Stiftungen (Vikarien) der städtischen Patrizier. Diese nutzten die Erweiterung der Kirche zur Spende zahlreicher Altäre, auf dass an diesen für ihr Seelenheil und das ihrer Familien gebetet wurde.

So gingen auch zwei der bedeutendsten Kunstwerke, die noch heute in St. Lorenz bewundert werden können, aus Patrizier-Stiftungen hervor: der 1517/18 gefertigte „Engelsgruß" des Malers und Bildschnitzers Veit Stoß, eine im Mittelschiff von der Decke hängende Holzplastik, welche die Verkündigungsszene darstellt, eingerahmt in zwei Rosenkränze; und das „Sakramentshaus" des Bildhauers Adam Kraft, ein rund zwanzig Meter hohes Sandsteintabernakel, das die Passion Christi zeigt. Kraft schuf es zwi-

Die Lorenzkirche war und ist der unübersehbare Mittelpunkt des gleichnamigen Stadtteils südlich der Pegnitz.

schen 1493 und 1496 in nur drei Jahren und zementierte damit seinen legendären Ruf, „den Stein biegen“ zu können.

Mit dem Einzug der Reformation in Nürnberg endete die Spendenfreudigkeit des Patriziats. Die allmähliche Verarmung der Stadt ab dem 16. Jahrhundert tat ihr Übriges dazu, dass sich das Innere der Basilika nur noch marginal veränderte. Bei Nürnbergs Übergang an das Königreich Bayern wurde St. Lorenz um zahlreiche Kunstschätze gebracht, darunter den Silberschrein des Deocarus und die Monstranz am Sakramentshaus – beide wurden eingeschmolzen.

Die endgültige Zerstörung ging dann mit den Bombardements des Zweiten Weltkriegs einher. Zwar hatte man alles Bewegliche (so den „Engelsgruß“) wohlweislich im Kunstbunker in Sicherheit gebracht und das Tonnen schwere „Sakramentshaus“ in der Kirche einbetoniert. Doch zu Kriegsende waren Dach und Rippen-Gewölbe eingestürzt. Der Wiederaufbau begann noch im Sommer 1945. Bis in die 1960er-Jahre rekonstruierte man das ursprüngliche Aussehen, sodass wir heute noch in den Genuss einer Basilika kommen, die ein (scheinbar) unberührtes Stück Mittelalter repräsentiert.

6 Eine königliche Beziehung
Zwei Herrscher als Förderer

Im Spätmittelalter sorgte die besondere Verbindung der Kaiser Karl IV. und Sigismund zum Nürnberger Rat für große Veränderungen und beförderte die Stadt zum Ort der Reichstage und Hort des Kronschatzes. Mit dem Männleinlaufen an der Frauenkirche verewigte sich Karl zudem im Stadtbild.

Sie gelten als zwei der für die Entwicklung der Stadt bedeutendsten deutschen Kaiser: Karl IV. und sein Sohn Sigismund aus dem Geschlecht der Luxemburger. Am Anfang ihrer besonderen Beziehung zu Nürnberg stand jedoch ein innerstädtischer Konflikt: der sogenannte Handwerkeraufstand. Im Zuge dessen hatte 1348 ein Teil der Nürnberger Bürgerschaft die Mehrheit der Ratsmitglieder vertrieben. Das neue Stadtregiment hielt zu Kaiser Ludwig dem Bayern.

Doch ein Jahr zuvor war Ludwig mit Karl von Böhmen ein Gegenkönig erwachsen, der sich 1349 nach Ludwigs Tod als Karl IV. zum römisch-deutschen König krönen ließ, mit Heeresmacht vor Nürnbergs Tore zog und den alten Rat wieder einsetzte. Noch im selben Jahr machten sich die Nürnberger die Geneigtheit ihres Königs zunutze: Mit Karls Billigung zerstörte man das jüdische Viertel nördlich der Pegnitz. Wenige Jahre danach stiftete Karl, den der Wunsch nach einem Nachfolger umtrieb, Nürnberg zu Ehren der Mutter Gottes eine kaiserliche Hofkapelle.

So entstand ungefähr dort, wo zuvor die Synagoge gestanden war, die heutige Frauenkirche, in der zukünftig der deutsche Kronschatz aufbewahrt werden sollte, zu dem Krone, Zepter und Reichsapfel, aber auch Reliquien wie die Heilige Lanze, ein Span aus der Krippe Christi und ein Zahn Johannes des Täufers zählten. Für die Präsentation dieser Symbole der Macht des Herrschers wurde eigens der Balkon an der Westfront (von dem heutzutage das Christkind seinen berühmten Prolog spricht) geschaffen. 1361 wurden die sogenannten Reichskleinodien anlässlich der Taufe von Karls Sohn Wenzel erstmals gezeigt.

Bald darauf stiftete Karl, inzwischen Kaiser, auch das sogenannte Männleinlaufen an der Frauenkirche. Seitdem thront der römisch-deutsche Kaiser persönlich unter dem Giebel an der Westfront. Bis heute erklingt jeden Mittag um 12 Uhr ein Glockenspiel, woraufhin sieben Figuren als Symbole der sieben Kurfürsten auftauchen und Karl huldigen, indem sie ihn dreimal umkreisen. 1509 wurde eine Uhr hinzugefügt, welche die Mondphasen anzeigt.

Das Männleinlaufen ist eine Anspielung auf das wichtigste Verfassungsdokument in der Geschichte des Heiligen Römischen Reiches Deutscher Nation: die Goldene Bulle. Zu einem großen Teil während eines Aufenthalts Karls im Winter 1355/56 in Nürnberg verfasst und dort erlassen, regelte das Schriftstück als eine Art Grundgesetz die Thronfolge sowie die Bedingungen der Königswahl, darunter auch die Anzahl der Kurfürsten.

Daneben bestimmte Karl in der Goldenen Bulle Nürnberg als den Ort, an dem

Die Goldene Bulle von 1356, die für den Pfalzgrafen bei Rhein ausgestellt wurde, gelangte nach dem Aussterben der pfälzischen Wittelsbacher nach München.

der neu gewählte Herrscher seinen ersten Reichstag abzuhalten hatte. Damit rückte die Stadt im Ansehen auf eine Ebene mit den Königsstädten Frankfurt am Main (als Ort der Wahl) und Aachen (als Ort der Krönung), was ihr Wachstum weiter begünstigte. Heute existieren noch sieben Ausfertigungen der Goldenen Bulle (eine davon im Staatsarchiv Nürnberg), die seit 2013 Teil des UNESCO-Weltdokumentenerbes ist.

Als Karl IV. 1378 in Prag starb, hatte er Nürnberg 52-mal besucht. Zum Aufbewahrungsort der Reichskleinodien wurde die von ihm gestiftete Frauenkirche jedoch nie. Erst sein in Nürnberg geborener Sohn Sigismund (Bruder von Karls unglücklichem Nachfolger Wenzel) bestimmte 1423, dass die Insignien der deutschen Königsmacht auf ewige Zeiten in Nürnberg verwahrt und einmal im Jahr dem Volk präsentiert werden sollten. Tatsächlich wurden die Reichskleinodien in den folgenden dreieinhalb Jahrhunderten im Heilig-Geist-Spital aufbewahrt und jährlich am zweiten Tag nach Ostern bei der sogenannten Heiltumsweisung den nach Nürnberg pilgernden Menschen gezeigt. Anlässlich jeder Königskrönung wurden sie von Ratsvertretern nach Frankfurt eskortiert. Erst als 1796 die französischen Revolutionstruppen nahten, wurde der Kronschatz nach Wien gebracht, wo er sich noch heute befindet.

7 Unmittelbar privilegiert
Der Rat und die Selbstverwaltung

Nürnbergs Entwicklung zur freien Reichsstadt zog sich über mehrere Jahrhunderte hin. Die Verwaltung ging mehr und mehr auf ein Ratsgremium über, das sich hauptsächlich aus einer Oberschicht aus edlen Geschlechtern zusammensetzte, die sich seit der Frühen Neuzeit selbst als Patrizier bezeichneten.

Die Geschichte Nürnbergs ist eng verbunden mit dem Status der „unmittelbaren" Reichsstadt, die diverse Freiheiten genoss. Der Weg dorthin war jedoch ein langwieriger. Einen wichtigen Schritt in dieser Entwicklung stellt das Jahr 1219 dar. Friedrich II., seit 1212 deutscher König, erließ auf einem seiner Hoftage am 8. November 1219 ein erstes umfassendes Stadtprivileg: den „Großen Freiheitsbrief".

Dieser sprach den Bürgern der Stadt, vor allem aber den Kaufleuten speziellen Schutz zu und gewährte ihnen Münzprivilegien und Zollfreiheiten. Das ihnen schon zuvor zugesprochene Recht, die vom Herrscher festgelegte Höhe der Reichssteuern nach eigenem Maßstab auf die Bürger umlegen zu können, wurde bestätigt. Betont wurde zudem, dass Nürnberg allein dem deutschen König beziehungsweise Kaiser unterstand.

Zu dieser Zeit fungierte ein kaiserlicher Beamter, der sogenannte Reichsschultheiß, als Verwalter und Richter im Namen des Kaisers. Ab Mitte des 13. Jahrhunderts führte die Stadt bereits ein eigenes Siegel, ein städtisches Ratsherren-Kollegium trat erstmals in Erscheinung. Dieses setzte sich insbesondere aus jenen Familien zusammen, die in den Jahrzehnten zuvor als treue Verwalter des königlichen Besitzes fungiert hatten. In der Folgezeit versuchten diese mit steigendem Selbstbewusstsein, den Einfluss des Schultheißen immer mehr einzuschränken. Nachdem das Amt bereits an städtische Vertreter verpfändet worden war, erwarb der Rat es Anfang des 15. Jahrhunderts endgültig.

Die Patrizier-Wappen in einem der Fenster auf der Südseite der Lorenzkirche zeugen vom Stiftungseifer des Nürnberger Stadtadels.

Nürnberger Patrizier beim Tanz im großen Rathaussaal (Zeichnung von ca. 1620–25). Links gut zu sehen das Peter-Vischer-Gitter.

Fortan setzte der Rat einen eigenen Stadtrichter ein. Nur fünf Jahre zuvor hatte man zudem von König Sigismund das Privileg erworben, eigene Münzen zu prägen. Mitte des 15. Jahrhunderts hatte der Nürnberger Rat mit diesem Münzrecht sowie Steuer- und Zollhoheit sein Ziel der Selbstverwaltung erreicht.

Die eigentliche Macht lag nun beim sogenannten Inneren (oder „Kleinen") Rat, der seit der ersten Hälfte des 14. Jahrhunderts aus 26 Vertretern der städtischen Oberschicht bestand. 1370 wurde er dann als ein Gremium aus 42 Personen etabliert, 34 davon Vertreter der edlen Geschlechter und 8 Handwerksherren. Daneben existierte ein („Größerer" oder auch „Äußerer") Rat der „Genannten", ein Kollegium aus Bürgern, die sich durch wirtschaftlichen Erfolg, Sozialprestige, Lebensstil oder persönliches Ansehen qualifizierten. Er bestand zeitweise aus 46, in späterer Zeit auch bis zu 500 Mitgliedern, die jedoch nur beratende Funktion besaßen und selten einberufen wurden.

Um 1500 kam für die edlen Geschlechter der Ausdruck Patrizier („Patricii") auf. Sie bildeten eine Art privilegierten Stadtadel, der sich gegen den Rest der Bürgerschaft abgrenzte und in den folgenden Jahrzehnten durch kaiserliche Adelsbriefe nobilitieren oder sich Wappenbriefe ausstellen ließ. 1521 legte das Patriziat im sogenannten Tanzstatut selbst die 42 „ratsfähigen" Geschlechter fest – also jene Familien, aus deren Kreis die Vertreter des Rates ausschließlich gewählt werden durften. Die rege wirtschaftliche Tätigkeit des Patriziats, das bis ins 16. Jahrhundert überwiegend selber Handel trieb oder zumindest stiller Gesellschafter war, ermöglichte diesem reiche Kloster-, Kirchen- und Sozialstiftungen (wie das Heilig-Geist-Spital) sowie Mäzenatentum in Kunst und Wissenschaft.

Im 17. und im 18. Jahrhundert zogen sich die Patrizier zunehmend aus dem Handel in ihre Stadtschlösser oder auf ihre Landsitze zurück, behielten das Stadtregiment jedoch fest in der Hand. Handwerker, Händler und Kaufleute, welche die Hauptsteuerlast trugen, blieben politisch machtlos. Erst 1794 kam es mit dem „Grundvertrag" zu einer neuen Stadtverfassung, die den „Genannten" mehr Mitspracherecht zugestand. In den zwölf Jahren bis zum Übergang an Bayern blieb dem Kollegium jedoch kaum Zeit, die Geschicke der Stadt noch maßgeblich zu beeinflussen.

8 Die Monopole der Pfeffersäcke
Der reichsstädtische Handel

Als Knotenpunkt wichtiger Fernhandelsstraßen war Nürnberg seit dem Hochmittelalter begünstigt, zum Warenumschlagplatz zu werden. Patrizische und später bürgerliche Kaufleute knüpften weitreichende Kontakte, erlangten Monopolstellungen und Reichtum. Bis der wirtschaftliche Wind sich drehte.

Das rasche Wachstum der Stadt beim Bau der Befestigung am Burgberg ist eng mit sich niederlassenden Händlern verknüpft. Bereits Mitte des 11. Jahrhunderts erhielt Nürnberg das Markt-, Münz- und Zollrecht. Die Lage der Siedlung begünstigte zudem den überregionalen Warenverkehr, trafen hier doch mehrere bedeutende Handelsrouten zusammen – wie die von Ungarn über Prag und weiter über Frankfurt bis nach Flandern sowie die von Italien über Innsbruck und weiter über Leipzig bis hoch nach Norddeutschland.

So wundert es nicht, dass sich Nürnberger Kaufleute früh im Groß- und Zwischenhandel betätigten. Begünstigt wurde dies im 13. und 14. Jahrhundert durch zahlreiche Zollprivilegien in anderen Städten. Bald knüpfte man gute Kontakte auch zu fernen Handelszentren wie Antwerpen, Lübeck, Lyon und Venedig, über diese nach London und Lissabon, zu den Ostseeanrainern, in den Orient sowie nach Spanien und in der Folgezeit bis in die neue Welt. Der Gewürzhandel brachte den Nürnberger Kaufleuten zwar den abwertenden Ausdruck „Pfeffersäcke" ein, doch dank der importierten Rohstoffe wurde das städtische Handwerk angekurbelt, und zugleich stillten exotische Waren die wachsenden Bedürfnisse der prosperierenden Stadt.

Bis um 1500 waren es vor allem die im Rat der Stadt vertretenen Familien, die sich zu Handelsgesellschaften zusammenschlossen und teils Monopole errichteten (beispielsweise im Handel mit Safran, Pelzen, Stahl und Eisen). Die dabei erwirtschafteten Gewinne wurden zudem in Finanzgeschäfte und den Bergbau investiert. Mit steigendem Wohlstand und einem veränderten Selbstverständnis als städtischer Adel, dessen Ethos den Handel verbot, zog sich das Patriziat jedoch bis Mitte des 16. Jahrhunderts sukzessive aus dem Wirtschaftsleben zurück.

An seine Stelle trat eine bürgerliche Kaufmannschaft. In diese Zeit fiel auch die Abkehr vom üblichen Messehandel (der an bestimmte Orte und Zeiten gebunden war) hin zum ganzjährigen Börsenhandel, wofür in Nürnberg der sogenannte Herrenmarkt (der westliche Hauptmarkt von der Sebalduskirche bis zur Fleischbrücke) zur Börse erklärt wurde. In einem Gebäude südlich der Sebalduskirche wurde ein Marktgewölbe eingerichtet, in dem der Handelsvorstand tagte, der als Schiedsgericht sowie als Interessenvertreter der Kaufmannschaft gegenüber dem Rat fungierte (heute Sitz der Industrie- und Handelskammer, IHK).

Die kriegsbedingte Verschuldung der Stadt und der aufkommende Protektionismus der größeren Fürstentümer (der sogenannte Merkantilismus) führten ab Mitte des 17. Jahrhunderts zum wirtschaft-

„Nürnberger Hand geht durch alle Land": 1910 wurde die Fassade des IHK-Gebäudes (Hauptmarkt 25) mit einem Kaufmannszug-Gemälde versehen, wobei aus „Hand" die Verballhornung „Tand" gemacht wurde.

lichen Niedergang. Während umliegende Fürstentümer wie Ansbach und Bayreuth mit den Hugenotten ausländische Arbeitskräfte (und damit neues Wissen) ins Land holten und Manufakturen mit arbeitsteiligen Strukturen gründeten, blieb Nürnberg bei seinen alten Produktionsformen.

So hielt man auch am traditionellen Verlagswesen fest (vom mittelhochdeutschen „verlegen" = jemanden mit dem Notwendigen ausstatten), bei dem der Händler als „Verleger" dem Handwerker die Rohstoffe besorgte oder finanzierte, aus denen dieser für den Kaufmann die Ware erstellte, die wiederum dieser exportierte. Ein System, dem man hohe Effizienz und gleichbleibendes Niveau verdankte, das aber auch eine große gegenseitige Abhängigkeit von Handwerker und Händler mit sich brachte und so mitunter dazu führte, dass in Zeiten schlechter Geschäfte beide darbten.

Erst der Übergang an Bayern sollte der Kaufmannschaft – die ähnlich wie das Handwerk über die Jahrhunderte wenig politische Mitsprache besessen hatte – neuen Einfluss und damit einen maßgeblichen Schub verleihen. Zu dieser Zeit war Nürnberg bedeutender Umschlagplatz für Kolonialwaren (wie Kaffee, Zucker, Tee), das Ende des Merkantilismus und der Fall der Zollgrenzen im Königreich brachten neue Exportmöglichkeiten. Es war der Beginn der Entwicklung Nürnbergs zur Industriemetropole.

9 Pesthäuser, Spitäler, Kliniken
Die städtische Krankenversorgung

Vom Siechkobel zum Dorf der Gesundheit: Was viele Jahrhunderte von der geistlichen und privaten Wohltätigkeit abhing, wurde in der Neuzeit zunehmend als Aufgabe der Kommune erkannt. Mit dem Heilig-Geist-Spital und dem Klinikum stehen heute zwei Komplexe für einstige und moderne Krankenversorgung.

In reichsstädtischer Zeit war die Krankenfürsorge vor allem auf das Wirken der Klöster sowie wohltätige Stiftungen reicher Bürger angewiesen. Bereits ab dem 13. Jahrhundert entstanden sogenannte Siechkobel (Leprosenhäuser) an den vier Ausfallstraßen der Stadt, in denen insbesondere Aussätzige und andere ansteckend Kranke untergebracht waren.

Als um 1500 die Syphilis seuchenartig um sich griff, wurde das Mitte des 14. Jahrhundert gestiftete Heilig-Kreuz-Pilgerspital im Stadtteil Johannis zur Unterbringung der Infizierten auserkoren. Anfang des 16. Jahrhunderts entstand ebenfalls in Johannis mit dem Sebastianspital das erste Pesthaus im deutschsprachigen Raum. Darüber hinaus dienten seit Mitte des 15. Jahrhunderts ein Sondersiechenhaus (heute Weinstadel) und ab Mitte des 17. Jahrhunderts ein „Schauhaus“ (nahe dem Spittlertor) für infektiös Erkrankte sowie in der zweiten Hälfte des 18. Jahrhunderts ein Spital (in der Judengasse) für chronisch kranke Arme.

Wichtigste Einrichtungen der Krankenversorgung waren jedoch das Elisabeth- und das Heilig-Geist-Spital. Ersteres war als Teil des Deutschordens-Komplexes am Jakobsplatz bereits im 13. Jahrhundert außerhalb der Stadt gegründet worden. Heute stehen hier die Polizeiinspektion Mitte und die aus dem späten 18. Jahrhundert stammende Elisabethkirche mit ihrem ungewöhnlichen Kuppeldach. Das auch als „Altes Spital“ bezeichnete Elisabethspital wurde vom Deutschen Orden bis zum Übergang an Bayern betrieben.

Das 1339 gegründete Heilig-Geist-Spital ging hingegen aus einer privaten Sozialstiftung des Kaufmanns Konrad Groß hervor. Groß war einer der reichsten Männer seiner Zeit und wichtiger Finanzgeber Kaiser Ludwigs des Bayern. Doch galten aus Christensicht Geldgeschäfte schon generell als unsittlich, stand Ludwig auch noch in Konflikt mit dem Papst und wurde 1324 exkommuniziert. So versuchte Groß sein Seelenheil durch großzügige Stiftungen zu bewahren. Seine als „Neues Spital“ bezeichnete Einrichtung direkt an der Pegnitz fungierte fortan für Jahrhunderte als Haus für (nicht ansteckende) Siechende und als Heim für arbeitsunfähige und mittellose Alte gleichermaßen, ab dem 15. Jahrhundert auch als Haus für Geburten und chirurgische Eingriffe sowie als Lazarett in Kriegszeiten.

Bis ins 19. Jahrhundert blieb das Heilig-Geist-Spital Krankenanstalt für heilbare Fälle. Nach dem Zweiten Weltkrieg wiederaufgebaut, dient es heute unter anderem als Senioren-Wohnanlage und beherbergt ein Restaurant sowie Räum-

Das 1339 von Konrad Groß gestiftete Heilig-Geist-Spital ist auch im Winter beliebtes Fotomotiv für Touristen.

lichkeiten für Feste und Tagungen. Mit seinen den nördlichen Pegnitzarm überbrückenden Gebäuden ist es eines der beliebtesten Fotomotive Nürnbergs.

Hinsichtlich seiner Bedeutung für Nürnbergs medizinische Versorgung ist es 1845 jedoch vom neu eröffneten städtischen Krankenhaus an der Sandstraße (in Tafelhof) abgelöst worden. Fünfzig Jahre später geriet dieses (heute nicht mehr existente) Gebäude jedoch schon wieder an seine Kapazitätsgrenzen. Die Wahl für einen Neubau fiel auf eine freie Fläche im nördlichen Johannis an der Flurstraße (heute Professor-Ernst-Nathan-Straße).

1897 wurde hier das neue allgemeine Krankenhaus eingeweiht. Mit 30 Gebäuden im Pavillonstil, Parkanlage und das Gelände umgebender Mauer folgte das heutige Klinikum Nürnberg(-Nord) einem neuen, zeitgemäßen Konzept. Jedoch hatte auch dieses „Dorf der Gesundheit“ in den folgenden Jahrzehnten mit stetig steigenden Patientenzahlen zu kämpfen, erste Pläne für ein zweites kommunales Krankenhaus verliefen anfangs im Sande.

Erst 1986 begann mit dem Klinikum Süd der Bau einer Zweigstelle in Langwasser, der acht Jahre später abgeschlossen war. Heute verfügen Klinikum Nord und Süd zusammen über mehr als 2.000 Betten und mehr als 8.000 Beschäftigte und zählen damit zu den größten kommunalen Krankenhäusern Europas. Und wer an Medizingeschichte interessiert ist: Ein Museum im Hauptgebäude des Nordklinikums bietet eine komplett erhaltene Krankenhausapotheke aus der Zeit um 1900.

10 Eine der längsten Europas
Die Stadtmauer und ihre Türme

Mauern, Türme, Gräben: Was einst zum Schutz der Stadt diente, ist heute Teil ihres mittelalterlichen Flairs. Über Jahrhunderte wurde die Nürnberger Stadtbefestigung errichtet, umgebaut und neu angelegt – und plötzlich galt sie als überflüssig. Doch ihr Rückbau wurde gestoppt. So blieb die Mauer als Denkmal erhalten.

Keine deutsche Stadt der Größenordnung Nürnbergs hat heute noch einen so gut erhaltenen Stadtmauerring wie die Frankenmetropole. Mit etwa fünf Kilometern (Unterbrechungen mit eingerechnet) ist die Stadtmauer eine der längsten in Europa. Ihre Ursprünge reichen bis zum Beginn des Spätmittelalters zurück, als stetiger Zuzug und rasches Wachstum dank zahlreicher kaiserlicher Privilegien zugleich für ein steigendes Schutzbedürfnis sorgten. Zwar ist nicht auszuschließen, dass zuvor bereits eine Art Einfassung existiert hat, durch Funde war dies aber bisher nicht zu belegen.

Fest steht hingegen, dass es in der zweiten Hälfte des 13. Jahrhunderts zum Bau von (anfangs getrennten) Stadtbefestigungen um die beiden Stadtteile im Norden und Süden der Pegnitz kam. Zeugnis dieser vorletzten Mauer legen noch der Tiergärtnertorturm und der Laufer Schlagturm (damals die östliche Spitze der Sebalder Seite) sowie der Weiße Turm (seinerzeit das Lorenzer Westende) ab.

Anfang des 14. Jahrhunderts wurden dann beide Stadtteile mit einer gemeinsamen Einfriedung verbunden, indem östlich auf Höhe der heutigen Spitalbrücke sowie am Westzipfel der Trödelmarktinsel Türme gebaut und Mauern über die Pegnitz gezogen wurden. Als deren Überbleibsel sind heute noch der Schuldturm an der Vorderen Insel Schütt sowie die Henkerbrücke zu bewundern.

Die Mauern boten jedoch nicht nur Schutz, sie schränkten auch das Wachstum ein. Als es innerhalb der Stadt immer enger wurde, beschloss der Rat in Absprache mit dem Kaiser den Bau eines neuen Walls, dessen Tore und Türme bis zu 300 Meter vom alten entfernt liegen sollten. So entstand in der zweiten Hälfte des 14. Jahrhunderts die letzte Stadtbefestigung, die in ihrem Verlauf in weiten Teilen erhalten geblieben ist.

In den folgenden 200 Jahren wurde diese mehrfach verändert und erweitert, immer schussgewaltigere Geschütze machten einen Ausbau zwingend. Es entstanden zwei Mauerringe: eine höhere innere Mauer mit Wehrgang sowie eine weitere Mauer mit davorliegendem, bis zu zwanzig Meter breitem Trockengraben, zwischen denen der sogenannte Zwinger liegt. Hinzu kamen zahlreiche versetzt errichtete Wehrtürme, am Neutor, Spittlertor, Frauentor und Laufer Tor erhielten die ursprünglich rechteckigen Türme zudem ihre charakteristischen Ummantelungen zu Rundtürmen. Im 16. Jahrhundert wurde dies alles noch ergänzt durch Bastionen und vorgelagerte Schanzen.

Der Laufer Torturm bewachte seit 1377 das gleichnamige Tor. Er wurde 1556 als erster von vier Tortürmen rund ummantelt.

Infolge des Dreißigjährigen Krieges kam es zum Stillstand beim Mauerausbau, die kommenden 200 Jahre sahen kaum Veränderungen. Als 1866 Nürnbergs Festungseigenschaft aufgehoben wurde, schienen die Tage der Stadtmauer gezählt. Der Stadtgraben diente Schützengesellschaften zum Üben, als Gemüsegarten und Obstanbaufläche oder wurde zum Schuttabladen missbraucht. Auf dem Zwinger entstanden Blumenbeete und Gastwirtschaften.

Die Stadt hatte sich längst mit Vorstädten ausgebreitet, der Bedarf nach besseren Verbindungen der Altstadt mit ihnen war groß. So kam es in der zweiten Hälfte des 19. Jahrhunderts zu zahlreichen Durchbrüchen (unter anderem Westtor, Hallertor, Maxtor), insbesondere im Osten entlang der Laufertormauer bis zur Königstormauer wurde erheblich abgetragen. Auch Wehrtürme wurden zurückgebaut, sodass heute nur noch knapp über 70 der einst weit mehr als doppelt so vielen Türme existieren.

Als man um 1890 den Wert der Stadtbefestigung als historisches Denkmal erkannte, wurde deren Zerstörung eingestellt. Seither wird sie mittels teils aufwendiger Sanierungsarbeiten erhalten. Dort, wo einst Wachstuben, Soldatenunterkünfte und Gefängnisse waren, finden sich heute Vereine, Jugendorganisationen und Studentenwohnheim, Gaststätten und Kultureinrichtungen (darunter der „Turm der Sinne" und der „Zauberturm").

11 Vom Sumpf zum Stadtplatz
Die Entwicklung des Hauptmarktes

Seit über 600 Jahren ist der Hauptmarkt der zentrale Platz der Stadt. Einst ein Judenviertel, wuchs er zum Ort des Warenverkehrs und der Großveranstaltungen heran. Seinen Nutzen hat der Platz nie verändert – nur die Art der Spektakel hat sich gewandelt.

Seit dem 11. Jahrhundert breitete sich die erste Siedlung am Fuß der Burg (Sebald) zunehmend in Richtung Pegnitzniederungen aus. Im dortigen sumpfigen Überschwemmungsgebiet ließ die Stadt alsbald die Ansiedlung von Juden zu, die ihre ersten Gebäude auf hölzernen Pfählen errichteten. Auf dem Gelände des heutigen Haupt- und Obstmarktes entwickelte sich so bis zum 13. Jahrhundert ein Ghetto aus Häuschen und Synagoge, Buden und Kramläden.

Ab etwa Mitte des 12. Jahrhunderts wuchs auf dem südlich der Pegnitz gelegenen Hochufer rund um einen dortigen zur Versorgung der Burg angelegten Wirtschaftshof bei St. Jakob ein zweiter Siedlungsteil (Lorenz). Als beide Stadtteile in der ersten Hälfte des 14. Jahrhunderts immer enger zusammenrückten, weckte das Gelände dazwischen Begehrlichkeiten zur Schaffung eines zentralen Platzes. 1349 wurde das Judenghetto kurzerhand abgerissen, seine Bewohner wurden ermordet oder vertrieben.

Die Stadt schuf einen Markt für landwirtschaftliche Produkte („Victualien") aller Art, unterteilt in viele kleine Flächen für Kälbermarkt und Fischmarkt, Tauben- und Vogelmarkt, Käsekräme, Bettelmarkt (Kräutermarkt) und zahlreiche weitere Einzelmärkte, die heute zum überwiegenden Teil längst vergessen sind.

Der Platz entwickelte sich zu dem erhofften Mittelpunkt der Stadt. Bis in die Frühe Neuzeit wurden hier jährlich an Ostern bei der sogenannten Heiltumsweisung die Reichskleinodien präsentiert. Während der Reichstage fanden an diesem Ort die sogenannten Gesellenstechen statt, an Ritterspiele angelehnte Turniere der Patriziersöhne.

Bereits Ende des 14. Jahrhunderts wurde an der Nordwestecke des Platzes der Schöne Brunnen errichtet. Um den pyramidenförmigen Röhrenbrunnen mit seiner gotischen Kirchturmspitze zu betreiben, wurde eigens eine Wasserleitung von außerhalb bis hierher verlegt. Ursprünglich aus Sandstein gefertigt, besteht das touristische Highlight inzwischen aus Muschelkalk. Es wurde über die Jahrhunderte immer wieder ausgebessert und neu vergoldet. Eine Besonderheit sind seine beiden am Schutzgitter angebrachten drehbaren Ringe – einer aus Messing, der andere schwarz. Einer von beiden soll, so man ihn dreht, einen Wunsch erfüllen. Nur welcher? Das hängt davon ab, wen man fragt …

Dem Brunnen gegenüber liegt zwischen Obst- und Hauptmarkt die Frauenkirche mit dem Männleinlaufen, die man ab 1806 den Bürgern katholischen Glaubens zuwies. Ihre Innenausstattung setzte sich hauptsächlich aus den Hinter-

Zwei der Highlights des Hauptmarktes: im Vordergrund der schöne Brunnen, im Hintergrund die Frauenkirche mit dem Männleinlaufen und der die Mondphasen anzeigenden Uhr.

lassenschaften der zu dieser Zeit aufgelösten Nürnberger Klöster zusammen. 1945 zerstört, wurde die Kirche bis 1955 wiederhergestellt und weist, abgesehen von ihrer Strahlenkranzmadonna und drei Fensterscheiben, leider kaum noch etwas von ihrem ursprünglichen Inventar auf.

Der Platz hat sich derweilen stark gewandelt. So ließen die neuen bayerischen Herren Anfang des 19. Jahrhunderts an seiner West-, Nord- und Ostseite einen Ladenbasar in Form dreireihiger Kolonnaden errichten. Zur selben Zeit erhielt der Platz seinen heutigen Namen. 1895 wurden die Verkaufsstände wieder abgerissen. Mit dem Neptunbrunnen wurde 1902 ein barocker Prachtbrunnen aufgestellt, der 1934 wieder entfernt wurde (heute steht er im Stadtpark). In Adolf-Hitler-Platz umbenannt, diente die Fläche bis zum Ausbruch des Krieges den Massenspektakeln der Nationalsozialisten.

Seit 1945 heißt der Platz wieder Hauptmarkt und fungiert weiter als solcher, bieten die legendären Nürnberger Marktfrauen (und Marktmänner) hier doch bis heute Obst und Gemüse, Käse und Wurstwaren, Backwerk und Blumen feil. Neben Bio-, Spargel- und Töpfermarkt gastiert auch der Christkindlesmarkt jährlich auf seinem Pflaster. Und auch wiederkehrende Spektakel gibt es weiter: Statt Heiltumsweisung feiern heute hier die Barden, und anstelle der Gesellen tritt die Weltspitze der Mountainbiker beim „District Ride" gegeneinander an.

12 … geht durch alle Land
Das Nürnberger Handwerk

Jeder zweite Bürger der Stadt arbeitete in Spätmittelalter und Frühneuzeit im Handwerk. Mit den Kaufleuten gingen die Handwerker eine Symbiose ein, die zu lang anhaltender wirtschaftlicher Blüte führte. Doch was die Stadt einst stark gemacht hatte, hemmte Jahrhunderte später die Modernisierung.

Ihre goldene Zeit als Metropole von europäischem Rang verdankte die Stadt nicht nur ihren Kaufleuten, sondern vor allem ihrer Handwerkerschaft. So erzählt ein Sprichwort aus der Zeit um 1500 von Venedigs Macht, Augsburgs Pracht, Straßburger Geschütz, Ulmer Geld – und Nürnberger „Witz". Damit war jedoch nicht der Humor der Nürnberger gemeint, sondern ihr Erfindergeist und ihre handwerkliche Begabung (von „gewitzt" für „schlau und geschickt").

Eine sogenannte Monstranzuhr, entstanden vermutlich 1565 bis 1570, mit für Nürnberger Uhren charakteristischem spätmanieristischem Ornament.

Handwerk und Handel befruchteten sich: Die Kaufleute brachten von ihren Fernreisen neben zahlreichen Rohstoffen auch Wissen über neuartige Herstellungstechniken heim, dieses griff das örtliche Handwerk auf und dachte es mitunter weiter. Mit den so entstehenden Waren versorgte man Stadt und Umland und schuf Produkte für den Export. Deutschlandweit hieß es daher: „Nürnberger Hand geht durch alle Land".

Über den so erlangten Wissensvorsprung wachte die Stadt sorgfältig. Seit dem sogenannten Handwerkeraufstand Mitte des 14. Jahrhunderts, infolge dessen jegliche Zünfte verboten wurden, lag die Macht über die Handwerker beim Rat. In seinem Auftrag übte das Rugamt die Gewerbeaufsicht aus. Hochspezialisierten Berufsgruppen war die Weitergabe ihres Wissens streng verboten, ihre Gesellen durften nicht auf Wanderschaft gehen, ihre Meister nicht ohne Weiteres verreisen oder wegziehen.

Ab etwa 1500 entwickelte sich die Stadt so zu einer Hochburg vor allem der Metall- und der Textilherstellung: Messer, Nadeln und Scheren, Brillen und Fingerhüte, Zirkel und Messinstrumente

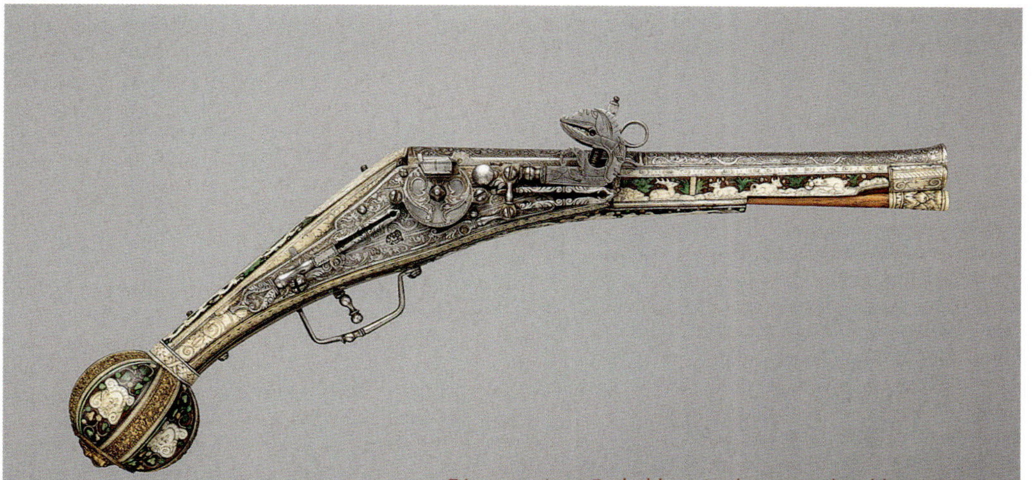

Diese verzierte Radschlosspistole entstand wohl um 1580 in der Werkstatt des Nürnberger Büchsenmachers Peter Danner.

aus Nürnberg waren ebenso hoch angesehen wie Waren aus Leinen und Leder, Wolle und Baumwolle. Zinngießer, Gold- und Silberschmiede konnten sich über Deutschland hinaus profilieren.

Europäische Spitzenränge erlangte man zudem in der Herstellung von Waffen und Rüstungen – 1517 wird hier erstmals das Radschloss für Handfeuerwaffen erwähnt –, Draht (zeitweilig gab es elf Drahtziehermühlen) und Musikinstrumenten – die Klarinette soll von hier ihren Siegeszug um die Welt angetreten haben.

Darüber hinaus werden Nürnberg viele weitere Erfindungen zugeschrieben, darunter der hölzerne Schraubstock mit eisernen Klemmbacken (erstmals 1505 in einer Nürnberger Bilderhandschrift zu sehen). Berühmtheit erlangte Peter Henlein als (angeblicher) Erfinder der Taschenuhr. Zwar erwies sich ein heute im Germanischen Nationalmuseum befindliches Stück als nicht aus seiner Zeit stammend, doch darf Henlein fraglos als Erbauer zahlreicher Tisch- und tragbarer Uhren gelten.

Rund die Hälfte der Nürnberger war in Spätmittelalter und Frühneuzeit im Handwerk tätig. Wohltätige Gründungen wie die Mendelsche und die Landauersche Zwölfbrüderhausstiftung sorgten dafür, dass verarmte, nicht mehr arbeitsfähige Handwerker unterkommen konnten; auf den Friedhöfen gab es Gesellen- und Gemeinschaftsgräber.

Bei aller Leistung konnte das Handwerk aber kaum Einfluss auf die Stadtpolitik nehmen. Die strengen Vorschriften des Rates, die Nürnbergs Aufstieg mitbegründet hatten, trugen ab Mitte des 17. Jahrhunderts sogar zu seinem Abstieg bei: Andere Städte holten im Wissen auf, während die Abgrenzung der Nürnberger die Weiterentwicklung behinderte. Um 1800 zählte die Stadt zwar noch immer gut 2.400 Handwerksbetriebe, doch erst im Zuge der Industrialisierung gelang es einigen Pionieren, an alten Erfindergeist anzuknüpfen.

Heute gewähren zahlreiche Exponate im Germanischen Nationalmuseum Einblicke in das alte Handwerk und bieten die Altstadtfreunde in ihren drei liebevoll sanierten Handwerkerhäusern in der Kühnertsgasse eine „Zeitreise in die Welt der Handwerker“. Daneben kann man sich im historischen Handwerkerhof gegenüber vom Bahnhof ins einstige Erwerbsleben der Nürnberger zurückträumen.

13 Von der Bibel zur Weltchronik
Bücher, Schriften, Landkarten

Dank des Zusammenspiels von Buchbinderei und Papierherstellung entwickelte sich die Stadt ab dem Spätmittelalter zur Hochburg des Druckerei-, Verlags- und Buchhandelswesens sowie der Kartografie. Zum Ende der reichsstädtischen Zeit gingen aus Nürnberg noch einmal bedeutende Impulse von Verlegern aus.

Erste Buchbindereien waren im Mittelalter vor allem in den Klöstern zu finden, wo Bücher aufwendig in Handarbeit kopiert wurden. So auch in Nürnberg, für das in der ersten Hälfte des 15. Jahrhunderts Buchbinder im Dominikanerkloster (Ecke Theresienstraße/Burgstraße) überliefert sind. Schon Mitte desselben Jahrhunderts sollte sich der Bedarf an ihrem Können deutlich erhöhen, schuf doch Johannes Gutenbergs Entwicklung des Buchdrucks mit beweglichen Lettern ganz neue Möglichkeiten der Vervielfältigung von Schriftgut.

Nachdem in Nürnberg bereits 1390 die erste deutsche Papiermühle errichtet worden war, entstanden in den folgenden Jahrhunderten zahlreiche weitere, um den gestiegenen Papierbedarf zu decken. Ob Bibeln oder Ablassbriefe, ob Schulbücher oder Kalender, die Produktion von Druckwerken stieg sprunghaft an und ließ in Nürnberg das Buchgewerbe blühen.

Ab 1469 schuf Johannes Sensenschmidt in der ersten Nürnberger Buchdruckerei vorrangig theologische Bücher mit üppigen Bebilderungen. Angelockt von dem hohen Niveau der hiesigen nautischen und astronomischen Messinstrumente ließ sich zwei Jahre später der Mathematiker und Astronom Johannes Müller (später als Regiomontanus berühmt geworden) in Nürnberg nieder und eröffnete eine Druckerei für mathematisch-wissenschaftliche Schriften. Geschäftsmäßig überflügelt wurden beide aber schon bald vom gebürtigen Nürnberger Anton Koberger.

Koberger perfektionierte das Zusammenspiel von Fertigung, Ausstattung und Vertrieb und stieg so überregional zu einem der bedeutendsten Buchproduzenten seiner Zeit auf, der insbesondere mit lateinischen Werken Marktführerschaft erlangte. In seiner Druckerei am Egidienplatz sollen bis zu 24 Druckpressen betrieben worden sein. Er schuf über 250 Titel, von denen zahlreiche zu Standardwerken ihrer Zeit wurden.

1493 ließ der Humanist und Büchersammler Hartmann Schedel bei Koberger seine mit über 1.800 Holzschnitten einzigartig illustrierte Weltchronik drucken. Zur selben Zeit entstand in Nürnberg der älteste heute noch erhaltene Globus nach Anleitung des patrizischen Kaufmanns und Weltenbummlers Martin Behaim. Nürnberg wurde so endgültig ein deutsches Zentrum des Buchdrucks und der Kartografie – und blieb dies für lange Zeit.

1517 verbreiteten sich Luthers 95 Thesen in gedruckter Form insbesondere von Nürnberg aus. Nürnberg sei das „Auge und Ohr Deutschlands, das alles hört und

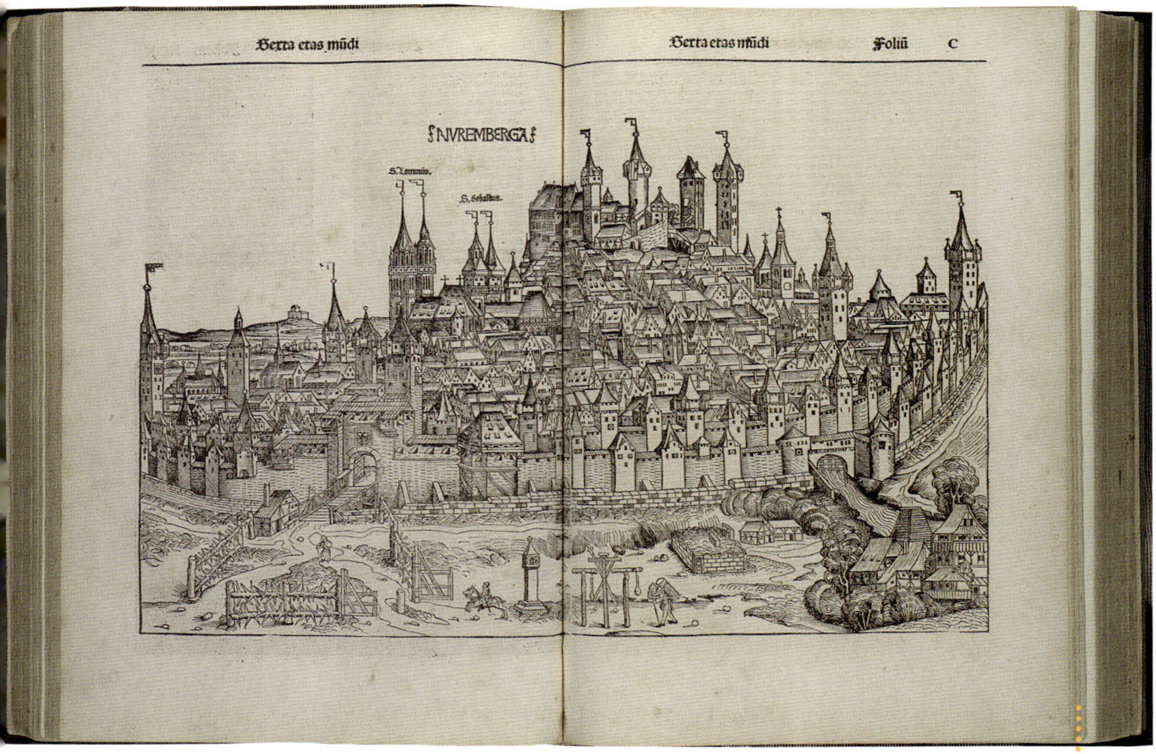

Die Schedel'sche Weltchronik von 1493 zeigt unter anderem auf einer Doppelseite die älteste gedruckte Nürnberger Stadtansicht.

alles sieht", so Luther selbst. Mitte des 16. Jahrhunderts ließen die berühmten Gelehrten Nikolaus Kopernikus und Peter Apian ihre bedeutendsten Werke bei dem Nürnberger Drucker Johannes Petreius publizieren, der auch zahlreiche humanistische Texte produzierte. Um 1600 schuf der Kaufmann und Ratsherr Paul Pfinzing einen Atlas, der mit außergewöhnlicher Detailtreue bestach.

In dieser Tradition gründete Johann Baptist Homann um 1700 eine Verlagshandlung für Landkarten, die ab 1735 im heutigen Fembo-Haus betrieben wurde und bis ins 19. Jahrhundert in Deutschland führend war. Parallel dazu beherrschte besonders die Nürnberger Familie Endter mit Bibeln und religiösen Schriften, Schul- und Gesangbüchern, Kalendern und Barockliteratur den Buchmarkt weit über die Region hinaus.

Noch bis zu ihrem Ende konnte sich die Reichsstadt als eine Hochburg der freien Meinungsäußerung betrachten, auch wenn der Rat diese mitunter einzudämmen versuchte. So zog sich der Verleger Johann Philipp Palm 1806 mit einem Druckwerk den persönlichen Zorn Napoleons zu. Im selben Jahr errichtete Friedrich Campe eine Buch-, Kunst-, Musikalien- und Landkartenhandlung. 1825 wurde er Mitbegründer und erster Vorsitzender des ersten nationalen Interessenverbands der deutschen Verleger und Buchhändler, des heutigen Börsenvereins des Deutschen Buchhandels.

14 Berühmtester Sohn der Stadt
Albrecht Dürer und sein Wirken

In eine Welt des Übergangs vom Spätmittelalter in die Frühneuzeit hineingeboren, wurde der Künstler Albrecht Dürer durch die Errungenschaften der italienischen Renaissance inspiriert. In der Folgezeit prägte er die Kunst selbst auf eine Weise, die für den deutschen Sprachraum einzigartig war.

Er darf als renommiertester Graphiker und Maler des deutschsprachigen Raumes bezeichnet werden: Albrecht Dürer. Sein gesamtes Werk zeugt vom Übergang von spätmittelalterlichen Traditionen hin zu den Errungenschaften der Renaissance. Er perfektionierte die Kunst des Holzschnitts, setzte sich eingehend mit dem idealen Abbild der Natur und den Proportionen des Menschen auseinander und beschäftigte sich mit Kunsttheorie und Befestigungslehre. Zudem machte Dürer als erster Künstler seiner Zeit seine Druckgrafiken systematisch mit seinen Initialen kenntlich. Und auch wenn sein Monogramm noch zu seinen Lebzeiten und in folgenden Jahrhunderten so manches Mal gefälscht wurde, schreibt man dem Meister heute um die 1.000 Zeichnungen, Aquarelle und Buchillustrationen, etwa 350 Holzschnitte, gut 100 Kupferstiche und rund 90 Gemälde zu. Viele seiner Werke gingen jedoch verloren.

Geboren wurde Albrecht Dürer am 21. Mai 1471 in eine aus Ungarn stammende Goldschmiede-Familie (ursprünglich „Thürer"). Taufpate des kleinen Albrecht war der berühmte Drucker Anton Koberger. Mit zwölf Jahren begann der Junge dem Vater zur Hand zu gehen, bis dieser schließlich dem Willen des Sohnes nach- und ihn im Malergroßbetrieb des Michael Wolgemut in die Lehre gab (wo später die Holzschnitte für Schedels Weltchronik gefertigt wurden).

1794, kurz nach der Rückkehr von seiner Gesellenwanderung, ging Dürer die arrangierte Ehe mit der vier Jahre jüngeren Agnes Frey ein. Agnes Dürer kann man sich wohl als durchsetzungsstarke, in Geschäftsdingen geschickte Gattin vorstellen, die fortan den Verkauf der Werke ihres Gatten vorantrieb, der rasch an Renommee gewann. Dazu trugen auch cleveres Marketing und ein Netzwerk von Agenten bei. In der Folgezeit reiste Dürer nach Italien, ab etwa seinem 25. Lebensjahr sind Einflüsse der italienischen Renaissance erkennbar. 1498 und 1500 schuf er zwei seiner berühmtesten Selbstbildnisse: einmal als junger, modischer Herr von Welt, das andere im Pelzrock, als regelrechtes Ebenbild Christi.

Im Folgenden entstanden zahlreiche bis heute berühmte Werke wie der Holzschnitt der „Vier apokalyptischen Reiter" (1498), die Aquarelle der „Feldhase" und „Das große Rasenstück" (1502/1503), das zweiteilige Gemälde „Adam und Eva" (1507) und die Zeichnung „Betende Hände" (1507). Den Kupferstich „Ritter, Tod und Teufel" (1513) und den Holzschnitt „Rhinoceros" (1515) schuf Dürer dann bereits in dem 1509 erworbenen Haus am Tiergärtnertorplatz.

Früh kam Dürer über den Universalgelehrten Conrad Celtis, seinen besten

Das Haus am Tiergärtnertorplatz erwarb Dürer 1509. Seit 1826 ist es im Besitz der Stadt und beherbergt heute ein Museum.

Freund Willibald Pirckheimer und seinen Nachbarn, den Stadtschreiber Lazarus Spengler, mit dem Humanismus und der Reformation in Kontakt, er positionierte sich in seiner Kunst jedoch nie. Für die „Drei Großen Bücher" (1511) zollten ihm auch Jahre später Katholiken wie Protestanten Hochachtung.

Der Rat der Stadt behandelte Dürer, auch wenn dieser 1509 in den Größeren Rat berufen wurde (als eine Art Ehrenamt), lange stiefmütterlich. Erst als er längst internationale Bekanntheit errungen hatte, erfolgten größere Aufträge wie die zu den zwei Porträts der Kaiser Karl der Große und Sigismund. Knapp zehn Jahre später, nach Dürers Rückkehr von seiner Reise in die Niederlande, fertigte er die berühmte Wandmalerei im Prunksaal des Rathauses. 1526 schenkte Dürer dem Nürnberger Rat zwei übermannshohe Tafeln mit den Bildnissen der „Vier Apostel".

Albrecht Dürer starb am 6. April 1528 an einer nicht genau überlieferten Krankheit. Kinderlos geblieben, hinterließ er als einer der wohlhabendsten Bürger der Stadt seiner Frau Agnes weit über 6.000 Gulden. Er wurde auf dem Johannisfriedhof begraben, seine Kunst noch viele Jahrzehnte hoch gehalten, dann allmählich vergessen – bis er im 19. Jahrhundert triumphal wiederentdeckt wurde. 1840 wurde sein Denkmal am inzwischen nach ihm benannten Platz (dem ehemaligen Milchmarkt) enthüllt.

15 Bronze auf Stein
Johannis- und Rochusfriedhof

Nachdem es wegen der Pestwellen neue Gottesäcker außerhalb der Stadtummauerung brauchte, entwickelten sich die Friedhöfe St. Johannis und St. Rochus zu den bedeutendsten Begräbnisstätten Nürnbergs. Ihre Einzigartigkeit ergibt sich neben den Grabsteinen auch aus der besonderen Epitaphienkultur.

Koberger und Dürer, Delsenbach und Scharrer – es sind große Persönlichkeiten der Nürnberger Stadtgeschichte, die im Johannisfriedhof vereint sind. Auch auf seinem kleineren Pendant südlich der Pegnitz, dem Rochusfriedhof an der Rothenburger Straße, finden sich mit Vischer, Pachelbel und Staedtler Namen prominenter Nürnberger. Nur: Warum fanden sie getrennt voneinander ihre letzte Ruhestätte? Ihre Religionszugehörigkeit war jedenfalls nicht der Grund.

Einst waren die Bürger Nürnbergs auf den Gottesäckern um die Kirchen St. Sebald (heutiger Sebalder Platz), St. Lorenz (Lorenzer Platz) und St. Jakob (Jakobsplatz) beerdigt worden. Bis der Nürnberger Rat im Jahr 1518 aufgrund deren Überfüllung sowie der in jener Zeit immer wieder aufflammenden Pest Bestattungen innerhalb der Mauern der Stadt untersagte.

So mussten neue Begräbnisstätten geschaffen werden. Für die Lorenzer Stadtseite ummauerte und weihte man ein Gelände südwestlich des Spittlertors (heute Stadtteil Gostenhof), für das die Patrizierfamilie Imhoff eine Kapelle stiftete. Gewidmet wurde diese dem Pestheiligen Rochus von Montpellier, der dem bis etwa 1600 mehrfach erweiterten Friedhof fortan seinen Namen gab.

Für den Sebalder Teil rückte der Friedhof St. Johannis in den Fokus. Der Gottesacker war ursprünglich Mitte des 13. Jahrhunderts an der Straße nach Frankfurt am Main am dortigen Siechkobel angelegt worden. Mitte des 15. Jahrhunderts mit einer Sandsteinmauer eingefriedet, wurde der Friedhof mehrfach erweitert. Der größte Flächengewinn geschah Mitte des 19. Jahrhunderts, als das südlich gelegene Gelände der Schützengesellschaft hinzukam.

Wo man (ab 1518) seine letzte Ruhe fand, definierte sich also danach, ob man nördlich oder südlich der Pegnitz wohnte. So kam es, dass manche über die Stadt verstreute Familie ihre Verstorbenen mal auf dem einen, mal auf dem anderen Friedhof zu Grabe trug. Bei einem Wechsel des Wohnortes konnte es zudem dazu kommen, dass jemand nicht im Familiengrab beigesetzt werden konnte oder auf seine bereits für die eigene Beerdigung reservierte Ruhestätte verzichten und sich eine neue auf dem anderen Gottesacker organisieren musste. Dies führte auch zu dem kuriosen Umstand, dass sich heute mancher Name auf beiden Friedhöfen wiederfindet – wurden die für beide Friedhöfe typischen metallenen Namenstafeln fürs eigene Grab doch schon zu Lebzeiten in Auftrag gegeben.

Der Johannisfriedhof (zentral im Bild: das Dürer-Grab) lockt mit seiner Gräber- und Epitaphien-Kultur und seinem Blumenschmuck.

Diese sogenannten Epitaphien mit ihren Inschriften für die Verstorbenen sind ein ganz besonderes Merkmal beider Friedhöfe. Seit 2018 sind sie im Sinne der UNESCO als Immaterielles Kulturerbe Bayerns gelistet. Etwa 6.000 der Tafeln aus Bronze und Messing zieren heute noch die beiden unter Denkmalschutz stehenden Friedhöfe, manche eher schlicht, andere in der überbordenden Kunst der Barockzeit. Dabei sollten beide Friedhöfe eigentlich Ausdruck dafür geben, dass im Tod alle Bürger gleich waren – weswegen die Größe der überwiegend nach Osten ausgerichteten Grabsteine seit Jahrhunderten vorgegeben war.

Zugleich spiegeln die Epitaphien die unterschiedliche soziale Zuordnung der beiden Stadtteile wider. So finden sich auf dem Rochusfriedhof für den Lorenzer Teil typische Handwerkerberufe dargestellt, inklusive deren Arbeitsgeräten und Berufszeichen. Sein Pendant in St. Johannis bezeugt hingegen die große Zahl von Künstlern und Kaufleuten im nördlich der Pegnitz gelegenen Stadtgebiet.

Übrigens: Seit dem ausgehenden 17. Jahrhundert grenzt an St. Rochus der Nürnberger Militärfriedhof, der Soldaten oder deren Angehörigen eine vergünstigte Ruhestätte ermöglichte. Anders als Rochus- und Johannisfriedhof, auf denen heute noch Beerdigungen stattfinden, ist er jedoch seit Ende des Ersten Weltkriegs geschlossen.

16 Luthers Außenstelle
Der Weg zur Reformation

Ohne den Humanismus und dessen hiesige Vertreter hätte sich die Reformation in Nürnberg und auch in anderen Reichsstädten womöglich ganz anders entwickelt. So aber kam der Stadt in der Verbreitung und Übernahme der lutherischen Lehre eine Vorreiterrolle zu – mit Folgen für Kirchen und Klöster.

Anfang des 14. Jahrhunderts begann der Rat der Stadt, auf das Wirken der Kirche auf Nürnberger Gebiet Einfluss auszuüben, so auf die Besetzung städtischer Pfarreien und auf die Verwaltung der Klöster und Spitäler. Bis zur vollständigen Aneignung kirchenhoheitlicher Rechte sollten jedoch noch rund 200 Jahre vergehen. Der Übergang Nürnbergs zur Reformation wurde entscheidend beeinflusst durch örtliche Vertreter des Humanismus.

Diese Bildungsbewegung, die mit der Renaissance in Italien aufgekommen war, besann sich auf die Errungenschaften antiker Philosophen. Neben Gelehrsamkeit ging es ihren Anhängern um eine eigene Meinung und die kritische Auseinandersetzung mit der Gegenwart – was der Reformation maßgeblich den Weg ebnete. Durch Aufenthalte in Italien brachten Männer wie der Wanderpoet Conrad Celtis (Verfasser der „Norimberga", einer prosaischen Beschreibung Nürnbergs) oder die Patrizier Willibald Pirckheimer und Christoph Scheurl humanistisches Gedankengut in die Reichsstadt.

Als der Wittenberger Theologe Martin Luther 1517 seine 95 Thesen verfasste, erreichten diese noch im selben Jahr Nürnberg, von wo man sie rasch in gedruckter Form in alle Himmelsrichtungen weiterversandte. Der ab 1519 in Wittenberg als Luther-Unterstützer wirkende bedeutende Humanist Philipp Melanchthon, der zuvor schon Nürnberg besucht hatte, stand in regem Briefwechsel mit Pirckheimer. Ebenfalls 1519 veröffentlichte mit Lazarus Spengler ein weiterer Nürnberger Ratsherr eine Schutzrede für Luther: Die erste reformatorische Rede außerhalb Wittenbergs führte dazu, dass die Reichsstadt in Folge gar als „Außenstelle Wittenbergs" bezeichnet wurde.

1522 wurde mit Andreas Osiander ein Anhänger der Lehren Luthers Prediger in St. Lorenz und entwickelte sich zum führenden geistlichen Verfechter des Protestantismus. Als ein Jahr später mit dem jungen Patrizier Hieronymus Baumgartner ein Schüler Melanchthons von seinen Studien aus Wittenberg nach Nürnberg zurückkehrte und Hans Sachs von der „Wittenbergisch Nachtigall" dichtete, war der Weg für die lutherische Lehre vor Ort längst geebnet.

Mitte 1524 wurde in Nürnberg die evangelische Messe in deutscher Sprache eingeführt. Die Nürnberger Religionsgespräche Anfang des Jahres 1525 machten dann den Übergang der Stadt zur Reformation offiziell. Der Rat übernahm vollends die kirchlichen Befugnisse, die Kirchen wurden lutherische Gottes-

Die Humanisten Willibald Pirckheimer (links) und Philipp Melanchthon (Stahlstiche von Albrecht Dürer, 1524 und 1526).

häuser. Die Klöster der Stadt wie auch die der Nürnberger Landschaft wurden aufgehoben, die Gebäude dienten fortan wohltätigen oder amtlichen Zwecken. Eine Bilderstürmerei wie an anderen Orten wurde jedoch verhindert. 1533 erließ Nürnberg in ungewohnter Eintracht mit dem Markgrafen von Brandenburg-Ansbach eine neue Kirchenordnung.

Doch es gab auch Ausnahmen: So kämpfte das Klarakloster unter Leitung der Äbtissin Caritas Pirckheimer, der hochgebildeten Schwester Willibalds, erfolgreich für das Weiterbestehen (das endgültige Ende kam erst mit dem Tod der letzten Klarissin 1596). Auch das Gelände des direkt dem Kaiser unterstehenden Deutschen Ordens blieb katholisch. Derweilen ging auf Melanchthons Betreiben hin aus dem ehemaligen Schottenkloster St. Egidien das erste humanistische Gymnasium Deutschlands (heutiges Melanchthon-Gymnasium) hervor.

Damit hatte Nürnberg als erste Reichsstadt die Reformation eingeführt und gab in den folgenden Jahren als Zentrum des Luthertums Beispiel für andere. Jedoch geriet man so auch in Konflikt mit dem (katholischen) Kaiser und Stadtherrn Karl V., der mit der Reichsacht (Erklärung der Rechtlosigkeit) drohte. In der Folgezeit traten jedoch immer weitere Fürsten und Reichsstädte zum Protestantismus über.

Im Nürnberger Religionsfrieden 1532 und dann dauerhaft im Augsburger Religionsfrieden 1555 musste Karl V. die Religionsfreiheit zusichern. Für Nürnberg, das sich bis dahin erfolgreich aus den kriegerischen Auseinandersetzungen zwischen Kaiser und Protestanten herausgehalten hatte, bedeutete dies die endgültige Bestätigung als evangelische Stadt.

17 Schuster, bleib bei deinen Leisten
Hans Sachs und die Meistersinger

Die Nürnberger Meistersinger kennt man heute vor allem durch Richard Wagners Oper, doch zu ihren Lebzeiten insbesondere im 15. und 16. Jahrhundert waren einige von ihnen überregionale Berühmtheiten. Ihr bekanntester, weil produktivster Vertreter war Hans Sachs, der sich nicht scheute, sich mit dem Papst und dem Rat der Stadt anzulegen.

Ab Mitte des 15. Jahrhunderts entwickelt, erlebte der Meistergesang seinen Höhepunkt zwischen 1470 und 1530. Nürnberger Vertreter wie Hans Folz und Sixt Beckmesser waren seinerzeit berühmt, sind heute jedoch in Vergessenheit geraten. Ganz anders als Hans Sachs.

Als Sohn eines Schneiders in Nürnberg geboren, hatte Sachs eine Lateinschule besucht, anschließend das Schusterhandwerk erlernt und war auf Wanderschaft gegangen. Auf dieser waren seine ersten Meisterlieder entstanden. Seit 1520 war er Schuhmachermeister in Nürnberg und begann, sich intensiv mit der Reformation zu befassen. 1523 schuf er mit der „Wittenbergisch Nachtigall" ein gedrucktes Spruchgedicht, in dem er sich bissig über die katholische Kirche ausließ und ein Loblied auf Luther sang.

Die Auseinandersetzung mit der Bibel war ein typisches Merkmal der Meistergesänge, auch wenn manche durchaus weltliche Themen behandelten. Die Meistersänger oder Meistersinger waren wie Sachs überwiegend Handwerker, die sich auf die Liebeslyrik des hochmittelalterlichen Minnesangs beriefen und eigene Dichtung in Form eines Sprechgesangs (ohne Instrumente) zum Besten gaben. Sie waren somit Nicht-Theologen, beschäftigten sich jedoch in ihren Liedern eingehend mit der Religion, veranschaulichten deren gesellschaftlichen Nutzen und kritisierten übertriebene und eingefahrene Frömmigkeit.

Ihre Dichtkunst trugen die Sänger einzeln auf Veranstaltungen (sogenannten Singschulen) vor, die teils öffentlich und teils in geschlossener Gesellschaft stattfanden, unter anderem im Heilig-Geist-Spital oder dem alten Dominikanerkloster. Es gab auch das sogenannte Zechsingen (im Wirtshaus). Die Dichtung stand beim Vortrag jedoch nie allein, sondern entfaltete sich erst gänzlich im Zusammenhang mit ihrer speziellen Melodie, dem „Meisterton".

Kern des Meistergesangs war der edle Wettstreit untereinander, den man überaus ernst nahm. Jedes Lied musste sich einer anschließenden Diskussion über Inhalt und Form stellen. Die Regeln waren streng, nur wer sie alle einhielt, durfte sich „Meister" nennen. Das Meisterlied stand also dem Meisterstück des Handwerkers gleich. Niedergeschrieben werden durften die Texte nur handschriftlich, sie durften auf keinen Fall gedruckt werden. So blieb man Herr der Verbreitungswege und umging zugleich die Zensur durch den Nürnberger Rat.

Zwar gab es in vielen Städten – vor allem den süddeutschen Reichsstädten –

Meistersänger, doch die Nürnberger ragten unten ihnen schon zu Sachs' Lebzeiten heraus. Das lag nicht zuletzt an ihm selbst, der über 4.000 Meisterlieder verfasste. In diesen hinterfragte er nicht nur die theologischen Lehren in Hinblick auf ihren praktischen Nutzen im Alltag, sondern verwendete auch Elemente der Fabel und des Schwanks. Daneben verfasste er zahlreiche Fastnachtsspiele, Komödien und Tragödien.

Sein Einsatz für Luther und gegen den Papst brachte Sachs übrigens Ärger mit dem Nürnberger Rat sowie ein vorübergehendes Schreibverbot ein (daher der Spruch „Schuster, bleib bei deinen Leisten"). Ohne Frage waren seine Gesänge ein wichtiger Treiber der Reformation in Nürnberg, wobei er sich auch kritisch mit den Lutheranern auseinandersetzte. Als Sachs 1576 in Nürnberg starb, war er eine deutschlandweite Berühmtheit. In den folgenden Jahrhunderten allmählich vergessen, wurde er erst in der Zeit der Romantik wiederentdeckt.

1874 wurde für ihn ein eindrucksvolles Denkmal in der Nähe seines Hauses auf dem Platz gegenüber der Spitalkirche enthüllt, 1933 erfolgte dessen Umbenennung in Hans-Sachs-Platz. 1963 wurde an der Münchner Straße nahe dem Luitpoldhain die Meistersingerhalle als Ort für Konzerte und andere Veranstaltungen eröffnet. Und auch das Hans-Sachs-Gymnasium (Maxfeld) erinnert an einen von Nürnbergs berühmtesten Söhnen. Daneben haben die Altstadtfreunde dem Dichter eine kleine Ausstellung in ihrem Museum Kühnertsgasse gewidmet.

Das Hans-Sachs-Denkmal auf dem gleichnamigen Platz zeigt einen vor Kraft strotzenden Handwerksmeister und Künstler.

18 Stolzer Profanbau
Das Rathaus und seine Prunksäle

Eine selbstbewusste Stadtverwaltung benötigte im Mittelalter ein repräsentatives Rathaus. So entstand gegenüber der Sebalduskirche ein Prachtgebäude erst im gotischen, dann im Renaissance-Stil. Nach dem letzten Krieg wiederaufgebaut, ist der sogenannte Wolff'sche Bau heute Zentrum der Verwaltung und Touristenmagnet.

In der ersten Hälfte des 14. Jahrhunderts erwarb die Stadt vom Zisterzienserkloster Heilsbronn ein gegenüber dem Ostchor der Sebalduskirche gelegenes Grundstück. Dort errichtete man auf den Verkaufsgewölben des ehemaligen Brothauses einen Bau, der im Obergeschoss eine Ratsstube als Tagungsort des Inneren Rates und einen großen Rathaussaal für öffentliche Verhandlungen, Feste und Empfänge beinhaltete (zur Zeit seiner Entstehung der größte nicht kirchliche Saal nördlich der Alpen). Sukzessive nach Norden erweitert, erhielt das Gebäude Anfang des 16. Jahrhunderts durch Hans Beheim den Älteren eine spätgotische Fassade.

In dieser Zeit wurde auch ein neuer Aufgang zum großen Rathaussaal geschaffen und der Saal selbst restauriert, unter anderem wurden ein kassettiertes Holztonnengewölbe eingezogen und die Wände kunstvoll bemalt. Berühmtheit erlangte das nach Vorlage Albrecht Dürers entstandene Wandgemälde eines Triumphzuges Kaiser Maximilians I. mit 12-spännigem Wagen, das in den folgenden Jahrzehnten mehrfach übermalt wurde und heute leider nicht mehr erhalten ist. Die Ratsstube erhielt Holzvertäfelung und Balkendecke, zudem wurden zwei gegenüberliegende Wandschränke eingebaut.

Ein Jahrhundert später gestaltete Jakob Wolff den ganzen Rathauskomplex kräftig um, die Westfront erhielt eine neue Fassade im Stil der Spätrenaissance mit selbstbewusster Pracht. Mit drei Geschossen, ebenso vielen Portalen sowie Türmen prägte der Prestigebau die Stadt in den folgenden Jahrhunderten maßgeblich. Im großen Rathaussaal wurden die Wappen der acht Kurfürsten am Gewölbe angebracht und ein mit Blattgold überzogener hölzerner Kronleuchter eingeweiht (seine beiden „Geschwister" entstanden rund 200 Jahre später). Die Decke eines weiteren kleinen Rathaussaales (heute als „Schöner Saal" bezeichnet) erhielt eine üppige Täfelung nebst Gemälden.

Nach dem Übergang an Bayern beherbergte der Rathauskomplex zusammen mit dem Fünferhaus zeitweilig das militärische Generalkommando, die Polizeidirektion sowie Stadt- und Landgericht. Den Pranger am Rathaus ließen die Bayern abreißen. Von 1818 an war das Gebäude durchgehend Sitz des dem Rat vorstehenden Bürgermeisters (ab 1907 und bis heute des Oberbürgermeisters). Erweiterungsbauten schlossen sich in der zweiten Hälfte des 19. Jahrhunderts nordöstlich sowie östlich (anstelle des alten Fünferhauses) an. Anfang des 20. Jahr-

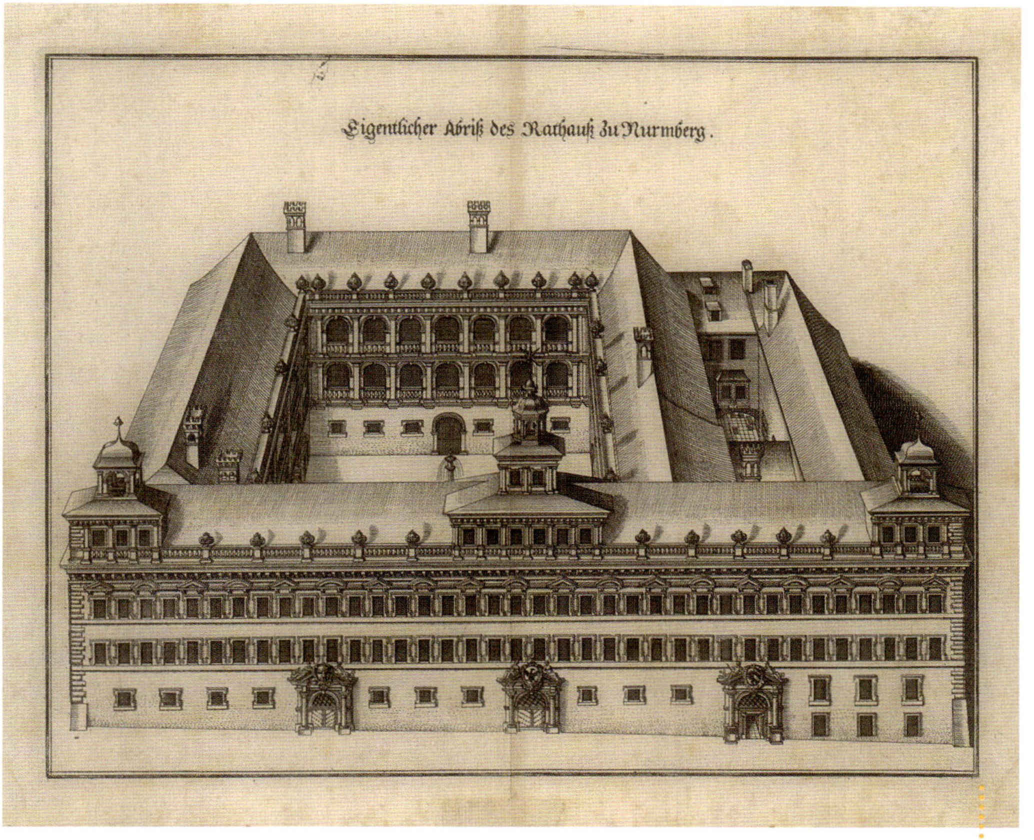

Historische Darstellung des Rathauses (Kupferstich um 1650).

hunderts folgten weitere Verwaltungsgebäude nördlich der Theresienstraße.

Im Zweiten Weltkrieg fiel der Rathauskomplex Bomben und Flammen zum Opfer. Nur mit knapper Mehrheit kam der folgende Beschluss zustande, das schwer beschädigte Gebäude mithilfe eines Ideenwettbewerbs des Jahres 1951 wiederaufzubauen (das südlich anschließende Neue Rathaus entstand Mitte der 50er-Jahre). Zwar ging die Innenausstattung weitestgehend verloren, doch überdauerte manches Kunstwerk (wie zum Beispiel die drei Kronleuchter) die Zerstörung durch Einlagerung im Kunstbunker. Und sogar das aus dem 15. Jahrhundert stammende, 1806 von Bayern verhökerte Vischer-Gitter wurde als originalgetreue Rekonstruktion im großen Rathaussaal wieder aufgebaut.

Heute verrichtet der Oberbürgermeister der Stadt von seinem im ersten Stock gelegenen Büro aus seine Aufgaben und stellt das sogenannte Alte Rathaus einen Touristenmagneten dar. Mit der Ehrenhalle im Erdgeschoss, dem „Schönen Saal" im zweiten Obergeschoss sowie (seit den 1980er-Jahren auch wieder) dem großen Rathaussaal wartet es mit prächtig wiederhergestellten Räumlichkeiten auf. Letzterer dient noch immer für Empfänge, Feste und Veranstaltungen und kann auch für private Zwecke gebucht werden. Und unter dem Prachtsaal werden heute in einem Restaurant fränkische Speisen kredenzt.

19 Im dunklen Untergrund
Lochgefängnisse und Felsengänge

Schlendert man durch die Sebalder Altstadt, ahnt man nicht, welches Netz an Gängen und Kellern sich unter einem durchs Gestein zieht. Der Untergrund diente zur Wasserversorgung, als Lagerstätte für Bier und Schutzraum für Kunstgüter und Menschen, aber auch als Bereich, in dem Folter und Henkersmahlzeit warteten.

Als die Stadt zu Beginn des 14. Jahrhunderts das alte Brothaus gegenüber dem Ostchor der Sebalduskirche erwarb, auf diesem den Neubau des Rathauses errichtete und dafür das dortige Straßenniveau anhob, stand sie vor der Frage, was mit dem nun unterirdisch liegenden alten Trakt geschehen sollte. Da das Rathaus auch Ort der städtischen Gerichtsbarkeit war, lag schon bald die Funktion als Untersuchungsgefängnis nahe.

Fortan dienten die engen ehemaligen Verkaufsräume als Zellen. In den fensterlosen Räumen, die mit Holz gegen die schlimmste Kälte getäfelt waren, mussten die Beschuldigten ihre Zeit meist angekettet, in völliger Dunkelheit und unter Schweigen verbringen. Ein Eimer diente für die Notdurft. Für Essen und Trinken, Bettzeug und im Winter etwas Kohle zum Heizen hatten die Gefangenen selbst aufzukommen. In den Fällen, in denen ihnen das nicht möglich war, sprangen teils Kirche oder wohltätige Stifter ein.

Das in der Stadt durchaus angesehene Amt des Gefängnisverwalters übte ein sogenannter Lochwirt aus, der mit seiner Familie einige der über den Zellen liegenden Räumlichkeiten im Rathaus bewohnte. Ihm und seinen Helfern oblag die Bewachung und Versorgung der Gefangenen – nicht aber die Folter, die der Nürnberg Nachrichter (Henker) und sein Gehilfe übernahmen.

Da die mittelalterliche und frühneuzeitliche Rechtsprechung ein Geständnis erforderte, wurden die Beschuldigten – wenn sie sich nicht freiwillig zur Tat bekannten – in einer als „Kapelle“ bezeichneten Zelle der sogenannten peinlichen Befragung (von Pein herrührend) unterzogen. Durch einen kaminartigen Schacht, der bis hoch in den Rathaussaal führte, konnten ein Richter und zwei Schöffen der Aussage des Angeklagten lauschen. Wer gestand und zum Tod verurteilt wurde, erhielt am Tag seiner Hinrichtung in einem separaten Raum eine letzte (durchaus üppige) Henkersmahlzeit. Ihre Funktion verloren die Lochgefängnisse erst 1806. 1962 wurden sie als Museum wieder geöffnet und können heute mit Führungen des Vereins Nürnberger Felsengänge besichtigt werden.

Neben diesem schauerlichen Aspekt der Nürnberger Geschichte wurde der Untergrund aber auch zum Schutz, für die Wasserversorgung – und über Jahrhunderte als Lager für Bier genutzt. So sind schon seit Ende des 14. Jahrhunderts Felsenkeller unter den Gebäuden am Fuß der Burg belegt. Die nahezu konstanten Temperaturen von 8 bis 10 Grad Celsius hatten sich als ideal für Gärung und Kühlung erwiesen.

Die mittelalterlichen Lochgefängnisse unter dem Alten Rathaus (hier die sogenannte Schmiede) dienten nach 1332 als Untersuchungsgefängnis.

Darüber hinaus wurden vom Rat der Stadt geheime Gänge zur Wassergewinnung angelegt, um die Versorgung der Einwohner zu gewährleisten. Da das Regenwasser im Burgsandstein nur langsam versickerte und sich mitunter auf Lehmschichten staute, konnte es so kanalisiert und über Röhren zu Trinkwasserleitungen geführt werden.

Bis zu vier Stockwerke tief verlaufen die Felsengänge. Vom Laufer Torturm im Osten bis zum Neutorturm im Westen ist der Untergrund voller Hohlräume. Ein geheimer Gang, der nur in höchsten Ratskreisen bekannt war, führte sogar seit Mitte des 16. Jahrhunderts von der Burg bis hinunter ins Rathaus. Zu besichtigen sind die Felsengänge (ebenfalls nur mittels Führungen) unter anderem über einen Zugang am Albrecht-Dürer-Denkmal sowie über den Historischen Kunstbunker nahe dem Tiergärtnertorplatz.

Dieser war ab 1940 zum (gedämmten und beheizbaren) Schutzraum für die wertvollsten Kunstschätze der Stadt ausgebaut worden, unter anderem wurden hier die Reichskleinodien und der Engelsgruß von Veit Stoß vor der Zerstörung bewahrt. Bis dahin waren die Felsenkeller überwiegend in Privathand gewesen, nun aber wurden sie (unter Einsatz von Zwangsarbeitern) sukzessive verbunden. So entstanden Schutzräume gegen Fliegerangriffe, in denen unter anderem ganze Schulen unterkommen konnten, mit Toiletten sowie Dieselaggregaten für die Beleuchtung. Heute besitzt Nürnberg mit seinen rund 20.000 Quadratmetern Untergrund das größte zusammenhängende Felsenkellerlabyrinth Süddeutschlands.

20 Alte und Neue Landschaft
Reichswald und Landbesitz

Um 1400 gelangte die Stadt in den Besitz des Reichswaldes. Dank stattlicher Gebietsgewinne stieg sie hundert Jahre später zu einer Reichsstadt mit umfangreichem Landbesitz auf. Doch die Zeit als Territorialmacht verging wieder. Heute liegt der Reichswald nicht mehr auf Nürnberger Grund.

Nürnberg umfasst heute rund 186 Quadratkilometer. Ein großer Teil des Nürnberg im Halbkreis umgebenden Reichswaldes, den die Pegnitz in einen nördlichen (Sebalder) und einen südlichen (Lorenzer) Teil trennt, gehört jedoch nicht mehr dazu. Und das, obwohl er einstmals ein wesentlicher Aspekt der sogenannten Alten Nürnberger Landschaft war.

Einst bot der Reichswald eine Mischwaldlandschaft mit vornehmlich Buchen und Eichen, deren Nutzung als Brenn-, Bau- und Werkstoff jedoch schon im Mittelalter zu starker Abholzung führte. 1368 gelang dem Nürnberger Bergbauunternehmer Peter Stromer die erste Aufforstung mittels Nadelholzsaat. Waren die Forstrechte bis dahin noch in wechselnden Händen, erwarb die Stadt diese um 1400 erst im Lorenzer und dann im Sebalder Reichswald.

Besaß Nürnberg damit schon einen beträchtlichen Waldbesitz, so fiel der Stadt um 1500 durch Eroberungen im Landshuter Erbfolgekrieg ein noch größeres Landgebiet zu, das fortan als Neue Landschaft bezeichnet wurde. Mit rund 1.200 Quadratkilometern Fläche wurde Nürnberg nun die Reichsstadt mit dem größten Territorium. Die Verwaltung der neu zugehörigen Orte („Pflegämter") wie Hersbruck und Lauf, Gräfenberg und Hiltpoltstein, Betzenstein und Altdorf erfolgte fortan durch sogenannte Pfleger. Dieses Amt wurde von verschiedenen Nürnberger Patrizierfamilien ausgeübt, die sich in den folgenden Jahrhunderten vor Ort üppige Landsitze errichteten, von denen noch heute etliche rund um Nürnberg zu bewundern sind.

In den beiden sogenannten Markgrafenkriegen Mitte des 15. und Mitte des 16. Jahrhunderts (jeweils mit dem Markgraf von Ansbach) wurde die Nürnberger Landschaft schwer verwüstet. Auch im Dreißigjährigen Krieg kam es zu großen Verheerungen. Zwar konnte Nürnberg dank seiner starken Befestigung Eroberungen verhindern, verlor im Verlauf der für die Finanzen und vor allem die Bevölkerung des Umlandes verlustreichen Konflikte jedoch zusehends seinen Einfluss als Territorialmacht.

Ende des 18. Jahrhunderts verleibten sich die mächtigen Nachbarn Bayern und Preußen (das durch die Fürstentümer Ansbach und Bayreuth an Nürnberger Gebiet angrenzte) Neue und Alte Landschaft innerhalb weniger Jahre ein. 1806 wurde dann auch die Stadt Teil des neuen Königreiches Bayern. Zu diesem Zeitpunkt bestand Nürnbergs Stadtgebiet nur noch aus dem Grund innerhalb der Ringmauer.

Und der Reichswald? Intensive Nutzung hatte in der Frühen Neuzeit zu immer größerem Kahlschlag geführt,

Da, wo früher Fichte, Linde und Hasel wuchsen, ragen heute Kiefern in den Himmel. Trotz Monokultur ist der Reichswald für die Nürnberger ein beliebtes Naherholungsgebiet.

man sprach von des Reiches Streusandbüchse. 1806 war bereits rund die Hälfte der Fläche des Reichswaldes Ödland. Im 19. Jahrhundert kam es zur massiven Aufforstung mit Kiefern, die, so löblich sie war, durch die Monokultur zum bis heute berüchtigten „Steckerleswald" führte. 1957 erklärte man den Reichswald zum Naturschutzgebiet, seit 1979 ist er als Bannwald besonders geschützt.

Derweilen kam das, was Nürnberg Stück um Stück verloren gegangen war, in kleinen Teilen an die Stadt zurück – in Form mehrerer Eingemeindungen der Jahre 1825 (Vororte um die Stadtmauer), 1899 (in etwa die heutige Stadtrand-Wohnbebauung) sowie der 1920er- (darunter Röthenbach, Eibach und Reichelsdorf) und 1930er-Jahre (vor allem Langwasser im Südosten sowie das Knoblauchsland bis nach Kraftshof im Norden).

Zur letzten großen (bei vielen betroffenen Gemeinden höchst umstrittenen) Gebietsreform kam es 1972, als unter anderem Katzwang, Kornburg und Worzeldorf im Süden, Altenfurt und Fischbach im Osten sowie Neunhof, Boxdorf und Großgründlach im Norden Teil des Nürnberger Stadtgebiets wurden. Nur der größte Teil des Reichswaldes gehört heute überwiegend zu anderen Landkreisen: der Sebalder Teil zum Kreis Erlangen-Höchstadt und der Lorenzer Teil (zusammen mit zahlreichen Gemeinden der ehemaligen Neuen Landschaft) zum Kreis Nürnberger Land.

21 Inseln und Brücken
Leben an der Pegnitz

Flüsse boten im Mittelalter und in der Frühen Neuzeit für Mühlen notwendige Wasserkraft und dienten zugleich als Abfluss für den Schmutz und Unrat der Stadt. Sie bargen aber auch Risiken, allen voran die des Hochwassers. Heute ist die Pegnitz ein ruhiges Gewässer, das vor allem der Entschleunigung dient.

Nürnberg wird seit jeher durch die Pegnitz geteilt. Der Fluss, der in der nördlichen Frankenalb nordöstlich von Nürnberg entspringt, prägte die Frankenmetropole und deren Entwicklung jahrhundertelang. Sehr tief war die Pegnitz jedoch nie, sie fließt die meiste Zeit des Jahres eher gemütlich dahin, sodass sie in ihrer Geschichte nie schiffbar war.

Doch zwischen heißen Sommern, in denen das Flussbett problemlos durchwatet werden konnte, und eisigen Wintern, in denen man auf der Pegnitz Schlittschuh laufen konnte, gab es auch Jahre der schweren Verwüstungen. So zählen die Chronisten vom 14. bis zum 19. Jahrhundert über fünfzig große Hochwasser, davon zwölf katastrophale. Bei einem davon, im Jahr 1595, wurde unter anderem der Henkersteg mitsamt der Wohnung des Henkergehilfen zerstört.

Zuletzt erlebte Nürnberg 1909 ein Jahrhunderthochwasser, das weite Teile der Altstadt flutete und dessen Höchststand noch an Hochwassermarken ablesbar ist (zum Beispiel am Gebäude Hauptmarkt 3). Erst nach dem Zweiten Weltkrieg erfolgte ein umfassender Hochwasserschutz.

Abgesehen von solchen Unglücken diente die Pegnitz als Antriebskraft der zahlreichen Mühlen, allen voran der Drahtzüge und der Hämmer für die Blech- und Folienproduktion. Darüber hinaus war der Fluss bis zum Bau der Kanalisation in der zweiten Hälfte des 19. und der Kläranlage in der ersten Hälfte des 20. Jahrhunderts wichtiger Abfluss für häuslichen Unrat, menschliche und tierische Exkremente sowie gewerbliche Abfälle.

Blick von der Maxbrücke auf den Kettensteg und die dahinter verlaufende Fronveste als Teil der Stadtmauer über die Pegnitz.

Der überschwemmte Hauptmarkt im Februar 1909 auf einer Postkarte.

Heute ist die Pegnitz mit ihren Inseln und Brücken längst ein Objekt für Postkartenmotive und Ort der Entspannung. So finden auf der am Ostende der Altstadt gelegenen großen Insel Schütt, wo einst das Militär exerzierte, Markt gehalten wurde und im 20. Jahrhundert Autos und Busse parkten, mit dem „Stadtstrand" im Frühjahr und dem Altstadtfest im Frühherbst Festivitäten statt. Der alte Schuldturm, der einst als Männergefängnis („Männereisen") diente, grenzt längst an einen schattigen Biergarten am Fluss.

Derweilen lockt die zweitgrößte Insel der Altstadt, der westlich liegende Trödelmarkt (ehemals „Säumarkt"), der um 1800 aufgrund seiner kleinen Läden und vorgelagerten Buden den neuen Namen erhielt, heute mit Geschäften, Cafés und Ausstellungen. Wie auch an anderen Stellen der Pegnitz gab es hier viele Mühlräder (so stand auf der südöstlichen, heute nur noch mit Bäumen bewachsenen kleinen Insel die Schwabenmühle), die durch die Vernichtungen des Zweiten Weltkriegs verschwanden.

Den besten Blick auf die Pegnitz aber hat man von den Brücken. Als Hauptverbindung zwischen den Stadtteilen dient die Museumsbrücke (Namensgeber war das angrenzende Haus der Lesegesellschaft „Museum"). Ende des 15. Jahrhunderts als Holzbau auf steinernen Bögen errichtet, entstand rund hundert Jahre später eine Steinbrücke, die nach ihrer Zerstörung in verbreiterter Form erneuert wurde. Von hier aus lässt sich alljährlich zum Herbstmarkt das Fischerstechen beobachten, dessen Tradition auf die Zeit um das Jahr 1600 zurückgeht.

An der Stelle der gen Osten folgenden Fleischbrücke stand einst auch ein hölzernes Bauwerk, das ebenfalls dem Hochwasser von 1595 zum Opfer fiel. Sein Nachfolger wurde Venedigs Rialtobrücke nachempfunden. Die Brücke verdankt ihren Namen dem hier seit dem frühen 15. Jahrhundert angrenzenden Fleischhaus, in dem städtische Metzger ihre Ware verkauften (der Ochse über dem Portal erinnert noch daran), während auswärtige Metzger dies an den Freibänken zwischen Henkersteg und Maxbrücke tun mussten.

Letztere, Mitte des 15. Jahrhunderts erbaut, ist die älteste steinerne Brücke der Stadt und wurde auch lange einfach so genannt, bis man sie dem bayerischen König Max Joseph widmete. Von ihr aus hat man einen schönen Blick auf den Kettensteg, der 1824/25 anstelle eines hölzernen Trockensteges errichtet wurde. Er kann sich rühmen, die älteste erhaltene Hängebrücke Deutschlands zu sein.

22 Der Nachrichter von Nürnberg
Meister Franz und das Strafgesetz

Das Tagebuch des Nürnberger Henkers Franz Schmidt ist eines der wenigen detailreichen Zeugnisse einer Zeit, in der Folter, Verstümmelung und Hinrichtung übliche Praxis der Strafordnung waren. Schmidt selbst galt als gewissenhafter und bodenständiger Mann – wovon das Henkerhaus-Museum zu berichten weiß.

Es waren 362 Hinrichtungen sowie annähernd gleich viele Leibesstrafen: das Werk des Franz Schmidt, der um 1600 Henker in Nürnberg war – und darüber selber Tagebuch führte. Vierzig Jahre diente Schmidt als sogenannter Nachrichter, ihm zur Seite stand ein Gehilfe mit der Bezeichnung „Löwe“. Gemeinsam waren sie zuständig für die Tortur (Folter) und Strafausübung im frühneuzeitlichen Nürnberg.

Zu den Todesstrafen zählten damals das (ehrenvolle) Köpfen mit dem Schwert, das (ehrenlose) Erhängen, das Rädern (Zerschmettern der Gliedmaßen), Vierteilen oder Verbrennen, das Begraben bei lebendigem Leib sowie das Ertränken. Der Galgen (der sogenannte Rabenstein) und die Richtstätte befanden sich außerhalb der Stadt gegenüber dem Frauentor, der Ort des Ertränkens lag nahe dem heutigen Großweidenmühlsteg.

Daneben gab es drastische Strafen des Leibes wie das Peitschen mit der Rute, das Verstümmeln oder Brandmarken, sowie weniger brutale wie die Haft im Turm (wie dem Luginsland oder Schuldturm, meist bis zur Rückzahlung einer Schuld), aber auch der Verlust des Vermögens und die Ausweisung aus der Stadt. Doch wurden zu Schmidts Zeiten Betrüger und Fälscher, Räuber und Diebe sowie vermeintliche Hexen und Zauberer meist hingerichtet.

Hauptmotive dieser obrigkeitlichen Brutalität waren gleichermaßen Ahndung der Tat wie Abschreckung für andere. Zudem darf nicht vergessen werden, dass Kriminalität im Mittelalter und der Frühneuzeit für Geschädigte oft weit existenziellere Folgen hatte als heute: Verletzungen des Opfers konnten in dessen Erwerbsunfähigkeit münden, Raub oder Diebstahl zu finanzieller Not bis hin zum Hungertod führen. Betrug oder Geldfälschung erschütterten das Vertrauen in die Macht der Obrigkeit und in den ehrlichen Handel. Die Todesstrafe ging auch immer mit dem Angebot an die Verurteilten einher, am Tag der Hinrichtung die Sünden zu gestehen und damit das Seelenheil fürs Jenseits zu retten.

Die Strafverfolgung beruhte zudem nicht auf reiner Willkür, sondern war in sogenannten Halsgerichtsordnungen festgeschrieben. Berühmtes Beispiel ist die (vom Nürnberger Stadtrecht beeinflusste) Bamberger Halsgerichtsordnung des Jahres 1507, die wiederum als Vorlage für die Peinliche Gerichtsordnung Kaiser Karls V. von 1532 diente (das erste im gesamten Reich gültige Strafrecht). Diese Gesetze legten meist fest, in welchen Fällen gefoltert und dass niemand nur auf Basis von Indizien verurteilt werden durfte.

Die Henkerbrücke mit dem Henkerturm (links) beherbergte die Wohnung des Nachrichters. Rechts der alte Wasserturm. Beide Türme sind Überreste der vorletzten Stadtummauerung.

Um 1400 war die Strafgerichtsbarkeit in Nürnberg auf den Kleinen Rat übergegangen und dieser somit zu Franz Schmidts Zeiten dessen Arbeitgeber. Schmidt stellte seine Tätigkeit nie infrage, war jedoch aus Sicht seiner Zeit keineswegs ein Sadist. Seine Aufzeichnungen zeugen von zahlreichen Versuchen, Hinrichtungen so human wie möglich zu vollziehen. Seine Dienstbehausung war ein Teil der vorletzten Stadtbefestigung über der Pegnitz samt angrenzendem Turm. Seit 2007 findet sich hier am Trödelmarkt, direkt am malerischen Henkersteg, das Henkerhaus-Museum.

Ein erster Nachrichter ist in Nürnberg bereits rund 200 Jahre vor Meister Franz namentlich genannt. Der wohl berühmteste lokale Kriminelle, der Raubritter Eppelein (eigentlich: Ekkelein) von Gailingen, wurde hingegen nicht in Nürnberg gerichtet, obwohl er mehrfach städtische Kaufleute ausgeraubt hatte. Er entkam der Legende nach dank eines Sprungs zu Pferd über die Burgmauer – und wurde doch 1381 (bei Neumarkt in der Oberpfalz) gerädert und enthauptet. Die letzte Hinrichtung durch einen reichsstädtischen Henker fand hingegen lange Zeit nach Schmidts Wirken statt: 1806 wurde ein Knecht, der zum Mörder geworden war, geköpft und sein Körper aufs Rad gelegt. Die Todesstrafe der Komplizin wurde in eine zehnjährige Zuchthausstrafe umgewandelt. Sie musste die Exekution mit ansehen. Meister Franz hätte wohl nichts dabei gefunden.

23 Krieg und Frieden
Der Nürnberger Exekutionstag 1649

Nach dem Ende des Dreißigjährigen Krieges wurden auf dem Nürnberger Exekutionstag von 1649/50 die Details des Westfälischen Friedens verhandelt. Als Symbol des Endes der Religionskriege ging das Nürnberger Friedensmahl in die Geschichte ein. Zuvor waren jedoch große Entbehrungen zu erleiden.

Bereits Mitte des 15. sowie erneut Mitte des 16. Jahrhunderts hatte Nürnberg schwere Verwüstungen in seinem Landgebiet erlebt, jeweils infolge eines Markgrafenkrieges (so genannt, weil in beiden Kriegen der jeweilige Markgraf von Brandenburg-Ansbach gegen die Reichsstadt zu Felde gezogen war). Immerhin: Die starke Befestigung der Stadt hatte in beiden Fällen eine Einnahme verhindert. Insbesondere der zweite Markgrafenkrieg hatte jedoch enorme Kosten verursacht.

Die Finanzkraft der Stadt war in der Folgezeit gesunken und wurde seit dem Ausbruch des Dreißigjährigen Kriegs im Jahr 1618 weiter belastet. Als protestantische Stadt, die direkt dem katholischen Kaiser unterstand und diesem traditionell treu war, versuchte man Neutralität zu wahren. Doch auch wenn Nürnberg in dieser Phase des Krieges von kämpferischen Auseinandersetzungen verschont blieb, musste man immer wieder Truppendurchzüge und Einquartierungen sowie damit einhergehende Plünderungen über sich ergehen lassen.

Als sich Schweden 1630 in den Krieg einschaltete, die bis dahin siegreichen katholischen Truppen aus Norddeutschland vertrieb und bis nach Süddeutschland vorstieß, sah sich Nürnberg wie viele evangelische Reichsstädte gezwungen, für die protestantische Seite Partei zu ergreifen. Im Sommer 1632 geriet dann auch die Nürnberger Landschaft in den Mittelpunkt des Krieges.

Während die Truppen des Schwedenkönigs Gustav Adolf Stellung um Nürnberg bezogen und die dortigen Befestigungen um die Stadt herum ausbauten, ließ der kaiserliche Feldherr Wallenstein ein riesiges Heerlager am südlichen Rande von Fürth anlegen (weite Teile des heutigen Zirndorfs und Oberasbachs umfassend). Der folgende zweimonatige Zermürbungskampf, der in der „Schlacht an der alten Veste" bei Zirndorf gipfelte, führte zu keinen kriegsentscheidenden Ergebnissen.

Nacheinander zogen Schweden und Kaiserliche wieder aus dem Nürnberger Raum ab, nicht ohne dort massive Zerstörungen zu hinterlassen. Erneut war die Stadt selbst zwar nicht eingenommen worden, ihre Bewohner litten jedoch an Hunger und Krankheiten. In der Folge brach in der durch Flüchtlinge überfüllten Stadt die Pest aus. Rund 35.000 Menschen, so wird geschätzt, kamen in dieser Zeit in und um Nürnberg zu Tode.

In den folgenden Jahren litt die Nürnberger Landschaft erneut unter Durchmärschen und zeitweiligen Besetzungen und mit ihr die Stadt unter finanziellen

Joachim von Sandrarts während des Friedensexekutionskongresses erstelltes Ölgemälde zeigt das Friedensmahl im großen Rathaussaal zu Nürnberg am 25. September 1649.

Belastungen. Der Westfälische Friede von 1648, der den Dreißigjährigen Krieg offiziell beendete, ließ die Reichsstadt zwar aufatmen. Doch ihre bereits zuvor nicht unerhebliche Schuldenlast hatte sich vervierfacht, was in der Folgezeit zu ihrem schleichenden wirtschaftlichen Niedergang beitragen sollte.

Eine letzte Aufwertung erfuhr Nürnberg als Tagungsort des Friedensexekutionskongresses der Jahre 1649 und 1650 (auch Exekutionstag genannt), auf dem noch ungeklärte Aspekte des Westfälischen Friedens besprochen wurden. Bei dem Kongress kam es am 25. September 1649 im großen Saal des Rathauses zu einem feierlichen Friedensmahl, in das auch die vor dem Gebäude versammelte Bevölkerung der Stadt einbezogen wurde. Das Friedensmahl wurde von Joachim von Sandrart auf einem großen Gemälde verewigt, das sich im Nürnberger Stadtmuseum Fembo-Haus bewundern lässt.

Zwar führten der Westfälische Friede und sein Nürnberger Folgekongress zum Ende der Religionskriege, brachten neue Stabilität im Heiligen Römischen Reich und zementierten dank der Erklärung der Religionsfreiheit endgültig Nürnbergs Stellung als protestantische Stadt. Zugleich läutete das aufkommende Zeitalter der mächtigen Fürstenhöfe jedoch (neben dem wirtschaftlichen) den politischen Niedergang der Reichsstädte ein. Die Zeit, in der Nürnberg eine finanzstarke Territorialmacht gewesen war, war für immer vorbei.

24 Wie Familie Tucher lebte
Herrensitze und Barockgärten

In Spätmittelalter und Frühneuzeit errichtete der Nürnberger Stadtadel in und um die Altstadt etliche repräsentative Bauten. Die noch bestehenden Schlösschen vermitteln noch immer ein Gefühl reichsstädtischer Pracht. Zum Flanieren laden zudem bis heute einige patrizische Barockgärten ein.

Wer heute durch die Stadtteile streift, dem fällt so manch prächtiges Bauwerk auf. Einige der Bauten fügen sich in die Straßenzüge ein, andere ragen versteckt hinter Mauern auf. Mal imposanter Wehrturm, mal beschauliches Schlösschen, klingen die alten reichsstädtischen Zeiten in ihren Namen wie Tucher-, Haller- und Pellerschloss bis heute nach.

Bei ihrem Aufstieg zu „Nobiles Norimbergenses" hatten sich so manche betuchte Familien bis zu 80 Meter hohe Wohntürme in zentraler städtischer Lage erbaut. Mitte des 15. Jahrhunderts sollen 65 solcher Geschlechtertürme existiert haben. Erhalten ist nur noch das sogenannte Nassauer Haus (bei der Lorenzkirche). Aufgrund der räumlichen Beengtheit innerhalb der Stadt besaßen viele hohe Familien zudem Gartenanlagen in den Vorstädten. Um die Stadtmauer zog sich ein weitläufiges grünes Band von über 300 Gärten (Stadtteilnamen wie „Gärten hinter der Veste" und „Gärten bei Wöhrd" zeugen noch heute davon), etliche davon in patrizischen Händen.

In Spätmittelalter und Frühneuzeit gingen viele der wohlhabenden Stadtadeligen dazu über, sich repräsentative Herrensitze im näheren und weiteren Umkreis zu errichten, die dazu dienten, der Enge und sommerlichen Hitze in der Stadt zu entkommen. Etwa ab dem 17. Jahrhundert zog sich das Patriziat dann zur Pflege eines adeligen Lebensstils weitestgehend auf diese schlossartigen Stadt- und Landsitze zurück.

Das renommierteste dieser Herrenhäuser dürfte das noch in der Sebalder Altstadt gelegene, in der ersten Hälfte des 16. Jahrhundert ausgebaute Tucher-Schloss sein, das heute als Museum fungiert. Zwar fiel das Sandsteinhaus im Zweiten Weltkrieg der Feuersbrunst zum Opfer, es wurde jedoch wiedererrichtet und beinhaltet heute zahlreiche originäre Einrichtungsgegenstände. Neben einem Renaissancegarten kann in einem angrenzenden Gebäude zudem mit dem Hirsvogelsaal ein aufwendig rekonstruierter Repräsentationsraum besichtigt werden.

Darüber hinaus sind in vielen Stadtteilen weitere Prachtobjekte zu bewundern, die teils in städtischem Besitz, teils in dem von Familienstiftungen und somit nicht allseits zugänglich sind. Dabei besonders hervorzuheben ist das Zeltnerschloss in Gleißhammer, das mit einem noch existenten Wassergraben besticht und heute ebenso wie das Holzschuher Schlösschen in Almoshof als Kulturladen der Stadt fungiert.

Ähnlich malerisch anzuschauen sind (ohne Anspruch auf Vollständigkeit) das Hallerschloss in Großgründlach, die Herrensitze Schoppershof und Weigelshof (Letzterer in St. Jobst gelegen), das Wölckern'sche Schloss in Erlenstegen, das

Schloss Almoshof, dessen Grundstein im frühen 14. Jahrhundert von der Patrizierfamilie Holzschuher gelegt wurde, ist der letzte von mehreren Herrensitzen im gleichnamigen Vorort.

Link'sche Schloss und das Hallerschloss, beide in Mögeldorf, Schloss Unterbürg in Laufamholz sowie das Petzenschloss in Lichtenhof. Und während das schmucke Pellerschloss im östlichen Stadtteil Fischbach heute für Trauungen sowie für Seminare und Feiern gebucht werden kann, locken Hummelsteiner Schlösschen im Süden sowie Schloss Neunhof im Norden nicht nur mit ihrer Architektur, sondern auch mit ihren für Besucher geöffneten Barockgärten.

Zu solchen streng nach Symmetrie gestalteten Anlagen waren im 17. und 18. Jahrhundert auch einige der im Stadtteil St. Johannis gelegenen Gärten umfunktioniert worden. Dort gediehen mediterrane Pflanzen wie Limonen- und Pomeranzenbäumchen, welche die Patrizier von ihren Reisen nach Italien mitgebracht hatten und die im Winter in rückwärtigen Gartenhäuschen vor der Kälte geschützt wurden. Nachdem die Gärten im 19. Jahrhundert überbaut worden waren, konnten engagierte Bürger die Stadt 1975 überzeugen, die Anlagen wiederherzustellen. Und so laden seit den 1980er-Jahren drei Hesperidengärten beim Johannisfriedhof sowie ein weiterer Barockgarten nahe dem Neutor als kleine Ruheoasen dazu ein, wie einst das Patriziat für kurze Zeit der Hektik der Großstadt zu entfliehen.

25 Von der Puppe zum Schmetterling
Die Anfänge der Maria Sibylla Merian

In Nürnberg begann Maria Sibylla Merian ihre außergewöhnliche Karriere als eine der berühmtesten Künstlerinnen und Naturforscherinnen ihrer Zeit. Zu bewundern sind ihre Zeichenkunst und die Pflanzen, die ihr als Vorlage dienten, noch heute in einem kleinen Garten.

Er ist eine der unbekannteren Besonderheiten auf der Nürnberger Kaiserburg: der Maria-Sibylla-Merian-Garten. Betreten werden kann das kleine Idyll über eine Pforte am Fuß des Heidenturms in der warmen Jahreszeit an zwei Tagen in der Woche. Dann gewährt es nicht nur eine ganz besondere Aussicht über die Stadt, sondern bietet neben einem malerischen Gartenhaus auch einen Einblick in die Kunst seiner Namensgeberin sowie einen Blick auf die Pflanzen, die in den Büchern der Maria Sibylla Merian wiedergegeben sind.

1647 in Frankfurt am Main geboren, heiratete Maria Sibylla 1665 den Nürnberger Johann Graff, der zuvor bei seinem Aufenthalt in Frankfurt bei ihrem Stiefvater in die Lehre gegangen war. Nach der Geburt der ersten Tochter siedelten die Graffs in die Heimatstadt des Ehemannes über. Dieser erwarb sich in der Folgezeit einen Ruf als Zeichner, Kupferstecher und Verleger. Heute ist der Name Graff selbst in Nürnberg weitestgehend in Vergessenheit geraten, obgleich einige Drucke von ihm erhalten sind und den Vergleich mit denen des bekannteren Johann Adam Delsenbach nicht scheuen müssen.

Die kleine Familie (1678 folgte eine zweite Tochter) bewohnte Graffs stattliches Elternhaus am Alten Milchmarkt (heute Bergstraße 10), das als eines der wenigen Häuser der Altstadt über den Zweiten Weltkrieg hinaus erhalten geblieben ist und dessen malerisches Fachwerk bis ins frühe 15. Jahrhundert zurückdatiert werden konnte.

Maria Sibylla, in ihrer Nürnberger Zeit als Frau Gräffin bekannt, brachte neben ihrem Frankfurter Dialekt ihre Begabung und ihr schon in jungen Jahren gewachsenes Interesse an Blumen und Insekten mit nach Nürnberg. Hier, in der Stadt des Buchdrucks und der Gartenkultur, entwickelte sie sich zu der vielseitigen Künstlerin, die man heute kennt: So erstellte sie Aquarelle, Zeichnungen und Kupferstiche mit Ansichten von Pflanzen und Insekten und unterrichtete junge Damen in Zeichnen, Kolorieren und Sticken.

Dabei entstanden in Nürnberg von 1675 bis 1680 im Verlag ihres Gatten drei Blumenbücher mit je zwölf Kupferstichen in Form von Loseblattsammlungen, die sich zum Ausmalen oder Nachsticken eigneten. Parallel zum dritten Band gab es das „Neue Blumenbuch“ mit allen 36 Kupferstichen zu erwerben, sowohl in unkolorierter als auch in kolorierter Fassung. 1679 und 1683 schlossen sich zwei Raupenbücher an, deren Stiche die Entwicklung vom Ei zur Raupe und von der Puppe bis zum Schmetterling (oder anderen Insekten) wiedergaben und dazu gleich die jeweilige Wirtspflanze zeigten. Da die dargestellten Metamorphosen der

Ein Merian-Porträt prangte auf dem letzten 500-DM-Schein (im Hintergrund historische Nürnberger Gebäude). Die Rückseite zeigte ein Bild aus dem Raupenbuch von 1679.

Erklärung bedurften, wurden sie ergänzt durch Beschreibungen aus der Feder von Maria Sibylla höchstselbst – auf Deutsch, nicht auf Latein, um für alle Lesekundigen verständlich zu sein.

1682 endete Maria Sibyllas Nürnberger Zeit mit der Rückkehr der Familie nach Frankfurt. Später zog man weiter nach Friesland, wo sich die in der Folge als Merianin bekannt gewordene Künstlerin von ihrem Mann trennte. Maria Sibylla siedelte 1691 nach Amsterdam über und trat acht Jahre später mit ihrer jüngeren Tochter ihre berühmte zweijährige Reise nach Südamerika an. Das Ergebnis war ihr 1705 veröffentlichtes „Krönungswerk" über die Tropenwelt in Surinam.

In Amsterdam verstarb Maria Sibylla 1717. Sie lebte nur 14 Jahre in Nürnberg, doch begann sie hier ihre Karriere. Hier sammelte sie in den der Stadt vorgelagerten Gärten Insekten und Blumen in ihren verschiedenen Stadien, züchtete sie und zeichnete und beschrieb im Anschluss die beobachteten Veränderungen. Wer sich ein Bild von ihrer Kunst machen möchte, kann dies im Germanischen Nationalmuseum tun – oder besucht an einem schönen Tag den Maria-Sibylla-Merian-Garten.

26 Nürnberger Straßenkünstler
Historische Stadtansichten

Die historische Entwicklung der Stadt ist in Nürnberg bildlich so gut dokumentiert wie in kaum einer anderen deutschen Stadt. Zu verdanken ist dies unter anderem einer Reihe von hier geborenen Künstlern, die mit zahlreichen Darstellungen die Straßen, Plätze und Gebäude über die Jahrhunderte immer wieder festhielten.

Wie darf man sich Nürnbergs Stadt- und Straßenbild in vergangenen Zeiten vorstellen? Darüber lässt sich erstaunlich viel erfahren, wurde die Frankenmetropole doch so beständig wie kaum eine andere Stadt des deutschsprachigen Raumes seit dem Spätmittelalter in Radierungen und Kupferstichen, Zeichnungen und Gemälden festgehalten. Die älteste Nürnberger Stadtansicht in gedruckter Form (und in Farbe) findet sich als Doppelseite in der Schedel'schen Weltchronik von 1493. Sie zeigt die Mauern, Tore und Dächer der Stadt nebst den Stadtkirchen und der Burg von Südosten.

In den folgenden Jahrhunderten wurden die Ansichten immer detaillierter. Schon Dürer bannte mit seinem Aquarell „Die Drahtziehmühle" die heutigen Stadtteile Großweidenmühle und Kleinweidenmühle auf Papier. Ihm folgten eine Reihe städtischer Künstler, deren Werke noch heute einen einzigartigen Blick auf die Straßen, Plätze und Bauwerke der Stadt gewähren und von denen exemplarisch einige gebürtige Nürnberger an dieser Stelle genannt werden sollen.

Einer von ihnen war der Zeichner Hans Bien (1591–1632), dem wir dank der Kunst der Spätrenaissance ein großes Stadtpanorama sowie Einblicke in die Straßenverläufe anhand eines Prospekts aus der Vogelperspektive verdanken. Nach ihm war der Kupferstecher Johann Andreas Graff (1636–1701) tätig, der mit Maria Sibylla Merian verheiratet war und in etlichen Grafiken Nürnberger Örtlichkeiten des 17. Jahrhunderts wie den Egidienplatz und das Viatishaus festhielt. Auf ähnlich dokumentarischen Pfaden wandelte auch der Kupferstecher Johann Adam Delsenbach (1687–1765), dessen zahlreich hinterlassene Stadtansichten einen ungemein detaillierten Blick (teils mit einem Augenzwinkern) auf das pulsierende Leben der Straßen und Plätze des barocken Nürnbergs im 18. Jahrhundert gewähren.

Für die Zeit der Romantik ist der Genremaler Johann Adam Klein (1792–1875) hervorzuheben, der eine ganze Reihe eingängiger Ansichten seiner Heimatstadt schuf. Den Brüdern Johann Paul Ritter dem Älteren (1829–1907) und Jakob Lorenz Ritter (1832–1921) verdanken wir mehrere Aquarelle, Radierungen und Ölgemälde, die uns (im Fall des Älteren) das historische Nürnberg in Mittelalter und Frühneuzeit und (im Fall des Jüngeren) das zeitgenössische Nürnberg der Kaiserzeit detailreich näherbringen.

In Sachen Authentizität war dies nur auf eine Art zu toppen: dank der Kunst des Lichtbildes. Rund 2.000 Aufnahmen des Architekturfotografen Ferdinand Schmidt

Johann Adam Delsenbach schuf reihenweise Nürnberger Stadtansichten mit vielen liebevollen Details, hier die winterliche Äußere Laufer Gasse (Kupferstich von 1725).

(1840–1909) dokumentierten um die Jahrhundertwende das Stadtbild und bieten noch heute nicht nur einen einzigartigen Blick auf längst verschwundene Gebäude, sondern auch auf das Alltagsleben in Nürnberg mit all seinen Facetten.

Wer jetzt auf den Geschmack gekommen ist: Schmidts Fotografien sind im Nürnberger Stadtarchiv erhalten und teils im Stadtmuseum Fembo-Haus ausgestellt, zudem haben sie mehrfach in Form von Ausstellungskatalogen und Bildbänden über Alt-Nürnberg das Licht der Öffentlichkeit erblickt (viele dieser Bücher sind in der Stadtbibliothek erhältlich). Die Werke der anderen genannten Künstler sowie weiterer Maler und Zeichner Nürnberger Stadtansichten werden unter anderem von der Graphischen Sammlung der Stadt sowie der Stadtbibliothek gehütet.

Weniger Bewunderung als Entsetzen dürften die Bilder erzeugen, welche die Zerstörung der Stadt im Zweiten Weltkrieg dokumentieren, darunter die zahlreichen des US-Army-Fotografen Ray D'Addario. Die Altstadt ist auf ihnen weitestgehend eine Trümmerwüste. Doch auch das gehört zur Stadtentwicklung – ebenso wie Wiederaufbau und Rekonstruktion zahlreicher historischer Gebäude, die heute wieder bewundern zu können wir das Glück haben.

27 Justizmord im Auftrag Napoleons
Die Hinrichtung des Verlegers Palm

Im Sommer 1806 verleitet die Verbreitung der antifranzösischen Schrift „Deutschland in seiner tiefen Erniedrigung“ Napoleon dazu, ein Exempel zu statuieren: Auf Befehl des Kaisers wird der Nürnberger Verleger und Buchhändler Johann Philipp Palm verhaftet, verschleppt und erschossen.

Am 26. August 1806 trat im französisch besetzten Grenzort Braunau am Inn ein Nürnberger vor ein Erschießungskommando: Johann Philipp Palm, Inhaber der Stein'schen Buchhandlung. Zuvor war im Juni 1806 ein Büchlein verbreitet worden, das Napoleon der rücksichtslosen Gier nach Land und Titeln beschuldigte, die französischen Soldaten „Wölfe in Menschengestalt“ nannte und mehrfach die „tiefe Erniedrigung“ betonte, die jeder patriotische Deutsche empfinden müsse.

So polemisch diese Abrechnung war, sie fußte doch auf Tatsachen: Die maßgeblich aus Napoleons Machtinteressen resultierenden politischen Umwälzungen jener Zeit in Deutschland waren enorm, bedeuteten für Hunderttausende den plötzlichen Wechsel der Landeshoheit und bürdeten den besetzten Gebieten hohe Belastungen auf. Auch Nürnberg musste im Sommer 1806 rechtswidrige Einquartierungen französischer Regimenter hinnehmen.

Obwohl in dieser Zeit zahlreiche Pamphlete gegen die Besatzung im Umlauf waren, erregte die Kritik des anonymen Verfassers des Büchleins in Paris ganz besonders die Gemüter. Napoleon berief eigens eine Kommission zur Klärung des Sachverhalts. Aufgefallen war die Schrift den Franzosen erstmals in Augsburg, doch rasch wurde die Stein'sche Buchhandlung in Nürnberg als Ausgangsort identifiziert.

Palm hielt sich in München auf, als sein Haus in Nürnberg durchsucht wurde. Nach seiner Rückkehr bat er das reichsstädtische Vormundamt um eine Untersuchung zum Beweis seiner Unschuld. Als dieses sich für nicht zuständig erklärte und er von der Verhaftung eines Augsburger Buchhändlers erfuhr, tauchte er bei seinem Onkel im preußischen Erlangen unter. Nach der heimlichen Rückkehr zu seiner Familie nach Nürnberg wurde er entdeckt und verhaftet.

Über Ansbach und München wurde Palm nach Braunau verschleppt, in einem Schauprozess von einem Militärgericht abgeurteilt und tags darauf hingerichtet. Als Verleger, nicht aber Verfasser der Flugschrift schien Palm bis zur Verkündung des Urteils mit einem Freispruch gerechnet zu haben. Die Identität des wahren Autors gab er nicht preis (sie ließ sich bis heute trotz etlicher Theorien nie zweifelsfrei klären). Was er nicht ahnen konnte: Bereits Anfang August hatte Napoleon befohlen, an allen an der Verbreitung der Schrift Beteiligten ein Exempel mittels Exekution zu statuieren.

Nürnbergs Ohnmacht im Fall Palm lässt sich mit dem besonderen Status der Stadt im Sommer 1806 erklären: Als Reichsstadt, die jahrhundertelang direkt dem Kaiser unterstand, befand sie sich nach Auflösung des Heiligen Römischen

Originalexemplar der Schrift „Deutschland in seiner tiefen Erniedrigung“, N.N., 1806.

Reiches Deutscher Nation (am 6. August 1806) in einer Existenzkrise und juristischen Grauzone. Zugleich genossen Presse und Verlegertum trotz Verbotsauflagen des Rates gewisse Freiheiten, während in weiten Teilen Deutschlands strenge Zensur herrschte. Napoleon selbst soll sich in einem Schreiben überspitzt empört haben, dass alle Pamphlete, die in Deutschland Verbreitung fänden, aus Nürnberg kämen.

Der Justizmord an Palm (er blieb der einzige in diesem „Fall“ Hingerichtete) führte zu einem Aufschrei in ganz Deutschland. Insbesondere von Studenten und Literaten wurde Palm zum deutschen Patrioten erkoren, auf Veranstaltungen, in Gedichten und Theaterstücken gefeiert. Sein ungeplantes Märtyrertum diente als Vorbild in den folgenden Befreiungskriegen. In der zweiten Hälfte des 19. und der ersten Hälfte des 20. Jahrhunderts sollte sein Opfer im Sinne der deutsch-französischen Erbfeindschaft propagandistisch ausgeschlachtet werden.

Heute befindet sich eine Gedenktafel an der Stelle von Palms einstigem Wohn- und Geschäftshaus. Es stand schräg unterhalb der Sebalduskirche (Winklerstraße 29) und wurde bei einem Luftangriff 1945 zerstört und nicht wiederaufgebaut. Im Stadtteil St. Johannis wurde der Verleger mit dem Palmplatz gewürdigt.

Johann Philipp Palm, Ölminiatur seiner Enkelin Klara Palm, Abdruck mit Palms Unterschrift in Martin Riegel, 1938.

28 Das Ende als freie Reichsstadt
Nürnberg kommt zu Bayern

Mit der Übergabe an das Königreich Bayern am 15. September 1806 verlor Nürnberg endgültig sein Privileg als freie, nur direkt („unmittelbar") den deutschen Kaisern unterstehende Reichsstadt. Es war das Ende einer Zeit der Verschuldung und der Unsicherheit – aber ein Ende mit Schrecken.

Die Uhren zeigten Punkt zehn Uhr vormittags, als am 15. September 1806 der Bevollmächtigte Kaiser Napoleons die Stadt Nürnberg feierlich an Bayern übergab. Vor eifrig paradierendem französischem und Nürnberger Militär sowie unter Glockengeläut und Kanonendonner nahm der bayerische Generalkommissär für die fränkischen Neuerwerbungen, Carl Friedrich Graf Thürheim, die Huldigungen der Repräsentanten der Stadt entgegen. Es war das endgültige Ende der Zeit als freie Reichsstadt, die Nürnberg über 550 Jahre gewesen war.

Der Übergabe an das Haus Wittelsbach vorangegangen war eine Phase der Unsicherheit und Handlungsunfähigkeit der Stadt, inklusive mehrmaliger französischer Besetzung und des Versuchs des Rates, sich dem König von Preußen zu unterwerfen (der aufgrund der hohen Schulden der Stadt dankend ablehnte). Schließlich schuf Napoleon vollendete Tatsachen, indem er im Sommer 1806 für die Auflösung des Heiligen Römischen Reiches Deutscher Nation sorgte und Nürnberg seinem neuen, frisch zum Königreich erhobenen Bündnispartner Bayern schenkte.

Die Folgen für Nürnberg waren umfassend: Die seit 1525 lutherische Stadt wurde Teil eines katholischen Königreiches (allerdings wurde allen protestantischen Untertanen Religionsfreiheit zugesagt). Vielfältige Errungenschaften der vergangenen Jahrhunderte wurden mit einem Federstrich beseitigt, das alte Münzamt gesperrt, diverse in der Stadt genutzte Geldsorten im Wert herabgesetzt. Das alte reichsstädtische Militär wurde abgeschafft, zahlreiche Beamte wurden entlassen, 1809 die Nürnberger Universität in Altdorf aufgelöst. Der Rat der Stadt tagte zwar weiter, aber die Macht ging nun von München aus (oder stellvertretend vom neu eingesetzten Nürnberger Polizeidirektor Christian Wurm). Bald folgten erste Aushebungen junger Männer für das bayerische Heer.

Ganz besonderen Groll zogen sich Staatsminister Montgelas und seine Vertreter Thürheim und Wurm aber durch die Plünderung zahlreicher Kunstschätze aus den Nürnberger Kirchen und öffentlichen Gebäuden zu, die teils nach München gebracht, teils verkauft, zerschlagen oder eingeschmolzen wurden. Getilgt werden sollten damit die Schulden der Stadt, die man auf enorme zwölf Millionen Gulden taxierte.

Doch Nürnberg erfuhr auch Aufwertung: Bereits 1807 wurden die Königliche Hofbank (von Fürth) und das militärische Generalkommando für Franken (von Bamberg) hierher verlegt. Ein Jahr später kam es zur territorialen Neuordnung

Der französische Kaiser backt Lebkuchen-Monarchen (britische Radierung von 1806): satirische Darstellung Napoleons, der den Kurfürsten von Bayern zum König erhob und ihm Nürnberg zum Geschenk machte.

Bayerns am Beispiel Frankreichs: Das Königreich wurde in fünfzehn nach Flüssen benannte Kreise aufgeteilt. Nürnberg wurde Sitz des Pegnitzkreises, erhielt eine eigene Finanzdirektion, ein Stadtgericht und ein Rentamt.

Am 16. Oktober 1808 besuchte dann König Max Joseph I. erstmals Nürnberg und erhielt am Neutor die Schlüssel der Stadt überreicht. Wenige Tage später fand die letzte Sitzung des Kleineren Nürnberger Rats statt, der daraufhin aufgelöst wurde. Drei Jahre später folgte der (eher repräsentativen Zwecken dienende) Größere Rat als letztes Vertretungsorgan des Patriziats der Stadt.

Da wundert es wohl nicht, dass im Juni 1809 in Nürnberg einmarschierende österreichische Truppen neue Hoffnungen auf eine Rückkehr in das ehemals deutsche, nun österreichische Kaiserreich weckten. Graf Thürheim wurde als Zeichen des Ressentiments gegen München von einer aufgebrachten Menge fast gelyncht. Bald jedoch zogen wieder bayerische Truppen in Nürnberg ein – alles blieb beim (neuen) Alten. 1810 folgte dann quasi die Strafe: Der Pegnitzkreis wurde aufgelöst, Nürnberg dem Rezatkreis (seit 1838 Mittelfranken) mit Regierungssitz in Ansbach zugeteilt – und damit zur Provinzstadt degradiert.

29 Des Reiches Schatzkästlein
Die romantische Mittelalterstadt

Im 18. Jahrhundert versank Nürnberg in Bedeutungslosigkeit. Auch düstere Gebäude und verwinkelte Gassen vermittelten den Menschen der Aufklärung lange einen negativen Eindruck. Bis junge Schwärmer die Stadt zum Sinnbild einer das Mittelalter verklärenden neuen Strömung machten – die bis heute anhält.

Im 18. Jahrhundert hat sich Nürnberg kaum verändert, wies bis auf wenige Gebäude (wie zum Beispiel die Egidienkirche) kaum barocke Elemente auf und wurde mit seinen engen Gassen als dunkel und hässlich wahrgenommen, galt alles Mittelalterliche doch für viele Zeitgenossen als zutiefst altmodisch. Doch 1793 besuchten die beiden jungen Dichter Wilhelm Heinrich Wackenroder und Ludwig Tieck Nürnberg. Ersterer gab mit seinem folgenden Reisebericht den Anstoß zur Neuentdeckung eines romantisierten Mittelalters und fand damit rasch in ganz Deutschland Widerhall.

Auch Albrecht Dürer wurde in Wackenroders Werk gewürdigt. Zwar war Dürers Kunst in der Zeit des Barock etwas in Vergessenheit geraten, zudem war die Stadt fast aller ihrer Kunstwerke in den vergangenen zweihundert Jahren verlustig gegangen (heute sind viele Originale in berühmten Kunstmuseen in Paris, London und New York ausgestellt). Das tat dem sich zu Beginn des 19. Jahrhunderts ausbreitenden Dürer-Kult jedoch keinen Abbruch.

Sowohl Dürers Grab auf dem Johannisfriedhof als auch sein 1825 von der Stadt gekauftes Haus am Tiergärtnertorplatz entwickelten sich zu regelrechten Pilgerorten für Fans. St. Johannis mit seinem Friedhof, dem aus dem 14. Jahrhundert stammenden Gotteshaus (der einzigen reichsstädtischen Kirche, die bis heute unzerstört erhalten geblieben ist) und der Heilig-Grab-Kapelle (heute Holzschuherkapelle) erlebte ungeahnte Besucherströme.

Neben Dürer wurde auch Hans Sachs wiederentdeckt. Richard Wagners Oper „Die Meistersinger von Nürnberg“ trug ab 1862 ihren Teil dazu bei, die Stadt als Hort mittelalterlicher Kultur zu verklären. Die Gründung des Germanischen Nationalmuseums ließ Nürnberg in den Augen vieler national denkender Deutscher vollends zu „des Reiches Schatzkästlein“ aufsteigen. Die Altstadt mit ihren gotischen Elementen und den Fassaden aus Sandstein und Fachwerk, die Kaiserburg und die Stadtmauer wurden in der Folgezeit von zahlreichen Malern, Zeichnern und Fotografen verewigt, die so das Bild der romantischen Mittelalterstadt in die ganze Welt trugen und den Nürnberg-Tourismus kräftig ankurbelten.

So erlangten dank der vielen Gäste auch heute nicht mehr existente Wirtshäuser wie das „Bratwurst Glöcklein“ (das sich seit dem 15. Jahrhundert an die Moritzkapelle nördlich der Sebalduskirche anschmiegte) und das „Bratwurstherzle“ (ein Fachwerkhaus aus dem 17. Jahrhundert, in der

Die Weißgerbergasse in der Sebalder Altstadt mit ihren zahlreichen historischen Fachwerkhäusern steht repräsentativ für die romantische Mittelalterstadt.

Herzgasse nahe dem Hauptmarkt gelegen) Berühmtheit. Beide waren bis ins 20. Jahrhundert Besuchermagnete und zierten häufig Nürnberger Ansichtskarten.

Bis heute hat sich Nürnberg, dank des weitgehenden Wiederaufbaus nach dem Zweiten Weltkrieg, den Ruf als Inbegriff der romantischen Mittelalterstadt in der Welt erhalten. Die Weißgerbergasse, der Weinstadel und das Heilig-Geist-Spital sind ebenso beliebte Fotomotive wie Nürnbergs Kirchen, die alten Friedhöfe sowie das im Zweiten Weltkrieg vor der völligen Zerstörung bewahrte Dürer-Haus. Dürer und auch Sachs sind mit Denkmälern und nach ihnen benannten Schulen und Plätzen fast allgegenwärtig. In den letzten Jahrzehnten setzte sich aber auch manch Künstlerin und Künstler mitunter kritisch mit dem Kult um die beiden auseinander.

So spielen Jürgen Webers „Ehekarussell"-Brunnen (1984 am Weißen Turm errichtet) auf ein Gedicht von Hans Sachs und das schlafende Rhinozeros von Dorota Hadrian (seit 2018 am Südende des Egidienplatzes ruhend) auf Dürers berühmte Grafik an. Vor allem aber an Dürers Aquarell „Junger Feldhase" arbeiteten sich zwei Künstler ab: Ottmar Hörl mit seinen Kunststoffhasen (erstmals 2003 in 7.000 Exemplaren als „großes Hasenstück" auf dem Hauptmarkt installiert) sowie Jürgen Goertz mit dem monströsen Bronzehasen, der seit 1984 am Tiergärtnertorplatz beheimatet ist. Gar nicht so romantisch ...

30 Paneuropäische Wasserstraße
Alter und neuer Kanal

Ludwigs- und Main-Donau-Kanal: Die zwei Wasserstraßen, die einst die Verbindung von Schwarzem Meer und Nordsee herbeiführten, verlaufen beide durch Nürnberger Gebiet. Doch während der alte Kanal rasch vom Fortschritt überholt und teils überbaut wurde, kann der Europakanal heute als Erfolgsgeschichte bezeichnet werden.

Einst liebäugelte Karl der Große mit dem Gedanken, Donau und Main zu verbinden, und ließ im Jahr 793 zwischen Treuchtlingen und Weißenburg einen künstlichen Graben anlegen: den Karlsgraben (lateinisch: „Fossa Carolina"), der aber nie über ein Teilstück hinauskam. Was hat dieser mit Nürnberg zu tun? Erst mal nichts. Doch wurde die Idee einer solchen Verbindung der beiden großen deutschen Flüsse im 17. Jahrhundert wieder aufgenommen, im 18. Jahrhundert weitergesponnen und um 1800 sogar von Napoleon befürwortet.

Letztendlich war es jedoch der bayerische König Ludwig I., der dem Projekt ab 1832 den maßgeblichen Schub verlieh. Nur vier Jahre später begann der Bau des Ludwig-Donau-Main-Kanals, rund 9.000 Arbeiter waren im Einsatz, die etwa 16 Meter breite und eineinhalb Meter tiefe Rinne auszuheben. 1846 erfolgte die feierliche Einweihung (allerdings nicht in Nürnberg, sondern in Erlangen).

Am südwestlichsten Zipfel Nürnbergs, vor den Toren Gostenhofs, lag von da an der größte Hafen des Ludwigs-Kanals (heute verläuft hier der Frankenschnellweg zwischen Rothenburger und Schwabacher Straße). Ihm wie auch dem gesamten Projekt war jedoch keine große Zukunft beschieden. Das Eisenbahnzeitalter, das bereits begonnen hatte, ließ den Kanal mit seinen von Pferden gezogenen Treidelkähnen rasch an Bedeutung verlieren, nach nicht einmal zwanzig Jahren war bereits keine Wirtschaftlichkeit mehr gegeben.

Zwar wurden Kanal und Hafen weiter betrieben, doch die Zahl der Schiffe sank stetig. Bei Ausbruch des Ersten Weltkriegs lag das Frachtaufkommen nur noch bei fünfzehn Prozent dessen, was Mitte des 19. Jahrhunderts verschifft worden war. 1950 wurde die Schifffahrt auf dem Ludwigs-Kanal eingestellt.

Zu diesem Zeitpunkt war längst ein anderes Projekt in Vorbereitung, dem dieselbe Idee zugrunde lag. Die Ursprünge des (Rhein-)Main-Donau-Kanals gehen auf Pläne aus dem späten 19. Jahrhundert zurück. 1921 vertraglich festgezurrt, wurde das Vorhaben aber erst ab den späten 1960er-Jahren realisiert. 1972 konnte das Teilstück zwischen Fürth und Nürnberg eingeweiht werden, 1985 die weitere Strecke nach Süden (bis Roth). Seit 1992 ist der Traum einer ununterbrochenen paneuropäischen Schiffsverkehrsverbindung zwischen Schwarzem Meer und Nordsee auf Dauer Wirklichkeit.

Auf Nürnberger Gebiet verläuft die auch als „Europakanal" bezeichnete Wasserstraße von Fürth aus an der Höfener Spange im Westen zur sie überqueren-

Der Kanalhafen im Jahr 1845, im Hintergrund die Ludwigs-Eisenbahn mit den Türmen der Burg und der Stadt (Stich von Jobst Riegel).

den Autobahn 6 im Süden, wo sie in den Landkreis Roth übergeht. Dort war es auch, wo ihr Bau 1979 zu einer Tragödie führte, als der Kanal brach und die Wassermassen sich in den tiefer gelegenen Nürnberger Stadtteil Katzwang ergossen. Ein Mädchen kam zu Tode, weitere Menschen wurden verletzt. Zahlreiche überflutete oder unterspülte Gebäude mussten abgerissen werden.

Heute dient der rund 55 Meter breite und 4 Meter tiefe Kanal sowohl der Personen- als auch der Frachtschifffahrt. Am Nürnberger Europakai haltende Flusskreuzfahrtschiffe von über 60 Reedereien transportieren jährlich über 100.000 Touristen in die Stadt. Darüber hinaus arbeiten am Hafen heute rund 7.000 Menschen. Die Schleuse Eibach am südlichen Ausgang des Hafens zählt mit fast 20 Metern Hubhöhe zu den größten in Deutschland.

Und der alte Ludwigs-Kanal? Auf einem Teilstück (etwa ab der Stelle, an der sich Dianastraße und A 73 beinahe berühren, bis fast nach Forchheim) folgt heute der Frankenschnellweg fast genau seinem Verlauf. Der auf Stadtgebiet noch erhaltene Teil des „Alten Kanals" beginnt westlich des Südfriedhofes (Stadtteil Gartenstadt), führt unter der A 73 (Südwesttangente) hindurch, durchquert den Eibacher Forst und Worzeldorf und verlässt nordöstlich von Kornburg das Stadtgebiet Richtung Wendelstein. Schiffbar ist er auf diesem Abschnitt nicht mehr, jedoch ist er ein beliebtes Ausflugsziel.

31 Vom Adler zur Fressmeile

Nürnberg und die Eisenbahn

In Nürnberg fliegen die Adler nicht, sie fahren. 1835 wurde hier als Pioniertat die erste Eisenbahn Deutschlands eröffnet. Der später erbaute Centralbahnhof beeinflusste maßgeblich die weitere Stadtentwicklung. Zahlreiche, teils originale Zeugnisse dieser Zeit sind im örtlichen DB-Museum zu bewundern.

In der ersten Hälfte des 19. Jahrhunderts machte sich Nürnberg als vorindustrielle Unternehmerstadt einen Namen. Auch die erste mit Dampfkraft angetriebene Eisenbahn Deutschlands geht auf eine Nürnberger Initiative zurück: die der Bürgermeister Jakob Friedrich Binder und Johannes Scharrer (späterer Initiator der Handelsgewerbeschule, des heutigen Johannes-Scharrer-Gymnasiums).

Mit anderen gründeten sie 1833 in Nürnberg die erste Aktiengesellschaft Bayerns, die Ludwigs-Eisenbahn-Gesellschaft (zu Ehren König Ludwigs I.), die daraufhin den Auftrag zum Bau einer Lokomotive nach England vergab. Da man als Fahrer für deren Betrieb einen Mann vom Fach benötigte, heuerte man den englischen Ingenieur und Lokführer William Wilson an. Wilson sollte sich in Nürnberg so wohl fühlen, dass er in Diensten der Gesellschaft blieb. Sein Jahresgehalt lag höher als das des Direktors. Heute ist eine kleine Straße in der Rangierbahnhof-Siedlung nach ihm benannt.

Die erste öffentliche Fahrt der Lokomotive „Adler“ fand am 7. Dezember 1835 unter reger Anteilnahme der Bevölkerung statt, an der Lok und den sieben angehängten Personenwagen flatterten die bayerischen Farben. Die Strecke verlief entlang der Nürnberg-Fürther Chaussee (heute Fürther Straße) vom Ludwigsbahnhof Nürnberg (am Plärrer) bis zum Ludwigsbahnhof Fürth (heute Fürther Freiheit). In der Folgezeit wurde die Ludwigsbahn nur teilweise mit Kohle betrieben, teils auf ihrer Fahrt noch von Pferden gezogen. Immerhin aber konnte der „Adler“ eine Geschwindigkeit von bis zu 60 Stundenkilometern erreichen, wenn er auch bei normalen Fahrten und mit angehängten Wagen höchstens halb so schnell fuhr. Wie sein Bruder, der „Pfeil“, erwies sich der „Adler“ als überaus zuverlässig, beide wurden erst in den 1850er-Jahren außer Dienst gestellt.

Im DB-Museum ist heute die 1935 nach Originalplänen rekonstruierte erste deutsche Eisenbahn mit der Lokomotive „Adler“ zu bewundern.

Foto des Centralbahnhofs vor der Jahrhundertwende.

Da die Loks im Anschluss verkauft und verschrottet worden waren, ließ die Reichsbahn zum 100. Jubiläum der ersten Fahrt nach Originalplänen einen neuen fahrtauglichen „Adler" bauen. Dieser ist heute neben anderen echten Dampfloks und historischen Transport- und Salonwagen im Nürnberger Verkehrsmuseum zu besichtigen (das Gebäude beherbergt sowohl das DB-Museum als auch das Museum für Kommunikation).

Die Ludwigsbahn diente auch nach dem Verkauf von „Pfeil" und „Adler" vor allem zur Personenbeförderung, erhielt aber Konkurrenz durch die Pferdebahn und (später) die elektrische Straßenbahn. 1922 musste sie den Betrieb einstellen, ihre Gleise wurden an die Straßenbahngesellschaft verkauft. Ungefähr auf ihrer Strecke verkehrt heute (teils oberirdisch, teils unterirdisch) die Linie U1.

Der Nürnberger Ludwigsbahnhof am Plärrer war quasi der erste Bahnhof Deutschlands. Zum Zeitpunkt seiner Erbauung im Jahr 1835 befanden sich auf dem Gelände des heutigen Hauptbahnhofs noch Gärten. 1847 wurde dann gegenüber dem Frauentor der Centralbahnhof in Form eines neugotischen Gebäudes mit sakralartiger Hallenkonstruktion eröffnet (der zugehörige Königssalon kann heute im DB-Museum bewundert werden).

Die Stadt hätte den Bahnhof lieber vor dem nordwestlich gelegenen Neutor (im Stadtteil Johannis, damit auch deutlich näher zur Burg) gehabt, doch die königliche Kommission setzte sich mit ihrem Plan durch. Die Wahl des Ortes beeinflusste in den folgenden Jahrzehnten die Entwicklung der Stadt erheblich, sorgte für den verstärkten Ausbau der Vorstädte im Süden und wertete die Lorenzer Altstadt auf, die sich im 20. Jahrhundert zur eigentlichen Nürnberger Einkaufsmeile entwickelte.

Ein halbes Jahrhundert später war der Centralbahnhof längst zu klein geworden und wurde abgerissen, 1906 an seiner Stelle der neubarocke Hauptbahnhof eingeweiht. Heute bietet dieser einen Mix aus historischen Jugendstilelementen und drei modern umgebauten Querhallen inklusive Ladenzentrum und „Fressmeile". Mit 22 Bahnsteiggleisen ist er der drittgrößte Bahnhof Deutschlands und der größte Durchgangsbahnhof Europas.

32 Das rote Nürnberg
Die Fabrik- und Arbeiterstadt

Siemens-Schuckert und MAN, Cramer-Klett und Schwan-Stabilo, Hercules und Triumph-Adler: Im Verlauf des 19. Jahrhunderts entwickelte sich Nürnberg zur Hochburg der Industrialisierung. Die Einwohnerzahl stieg dank der vielen Arbeitsplätze stetig – und ließ Arbeiterkultur und SPD gedeihen.

Schon Mitte des 19. Jahrhunderts konnte Nürnberg als eine der wenigen Fabrikstädte des noch immer landwirtschaftlich geprägten Königreichs Bayern bezeichnet werden. Der großstädtisch-bürgerliche Unternehmergeist hatte in den 1820er-Jahren zur Gründung einer Tuchmanufaktur und einer Maschinenfabrik, 1833 der ersten Eisenbahn-Gesellschaft und 1837 der Eisengießerei und Maschinenbauanstalt Klett & Co. geführt. Die Gebiete südlich der Bahnlinie von Steinbühl bis Gleishammer entwickelten sich zu Industrievierteln, neue Wohnsiedlungen entstanden.

Nürnberg wurde Süddeutschlands größter Industriestandort. Nach der Reichsgründung wurden auch in den Produktionszweigen, die der Entwicklung bis dahin hinterhergehinkt waren, industrielle Fertigungsprozesse vorangetrieben. Die örtlichen Großbrauereien setzten ebenso auf solche wie die Bleistiftproduzenten Faber (später Faber-Castell) und Schwan (später Schwan-Stabilo). Ab 1873 stellte Siegmund Schuckert stromerzeugende Dynamomaschinen her, zwei Jahrzehnte später produzierte seine Firma elektrische Eisenbahntechnik. 1903 fusionierte sie mit den Berliner Siemens-Werken zur Siemens-Schuckert AG.

Da hatte sich die Maschinenfabrik Klett bereits mit der Augsburger Konkurrenz zur Maschinenfabrik Augsburg-Nürnberg Aktiengesellschaft (MAN) zusammengetan. 1913 war die MAN Bayerns größter industrieller Arbeitgeber, ab 1915 produzierte sie erstmals auch Lastkraftwagen.

Zum Ende des 19. Jahrhunderts florierte zudem die Nürnberger Fahrradproduktion, allen voran die jüdischer Unternehmer wie Carl Marschütz (Hercules-Werke, ab etwa 1900 Motorradhersteller) und Siegfried Bettmann

1917 als Zünder- und Apparatebau-Gesellschaft gegründet, fertigte Zündapp in den 1920er-Jahren mit der Z22 preisgünstige Motorräder für jedermann.

(Triumph-Werke, später Triumph-Adler, ab 1909 Schreibmaschinenproduzent). Daneben schossen Spielwarenfabriken wie Pilze aus dem Boden, um 1900 gab es allein über 100 Blechspielzeug-Produzenten, darunter das später mit Modelleisenbahnen berühmt gewordene Unternehmen Fleischmann. Mit der Gebr. Bing AG entstand um die Jahrhundertwende der seinerzeit größte Spielzeughersteller der Welt. Die 1912 gegründete Spielwarenfirma Schreyer und Co. benannte sich 1924 in Schuco um – ab den 30er-Jahren bekannt für Miniaturautos.

Manche der zu Firmen-Adel aufgestiegenen Großunternehmer wie Theodor von Cramer-Klett oder die Familie Faber taten sich sozial hervor: Sie ließen Arbeiterwohnungen errichten und gründeten Betriebskrankenkassen und Arbeiterschulen. Infolge der (in Nürnberg gemäßigt verlaufenen) Revolution von 1848/49 bildeten sich erste Arbeitervereine. 1869 ging aus einem solchen die Nürnberger SPD hervor, 1881 wurde der Nürnberger Arbeiterführer Karl Grillenberger erster bayerischer SPD-Vertreter im Deutschen Reichstag. Ab 1868 gegründete Gewerkschaften wurden mit den Sozialistengesetzen zwar vom Magistrat wieder aufgelöst, dies blieb jedoch vorübergehend. Bis um 1900 stieg die Zahl der Nürnberger SPD-Mitglieder auf über 5.000.

Der Erste Weltkrieg entzog den Firmen viele Arbeitskräfte für die Schützengräben, kurbelte aber auch die Metallindustrie an. MAN profitierte vom Bedarf an Eisenbahnwaggons, Stahlbrücken und Diesel-Motoren für U-Boote. Während der Revolution von 1918/19 hielt die breite Masse der gut qualifizierten Nürnberger Arbeiterschaft trotz der Abspaltungen von USPD und KPD der SPD die Treue. Das rote Nürnberg lehnte die Einführung der Räterepublik weitgehend ab und ging als weiterhin bedeutende Industrie- und Arbeiterstadt zur parlamentarischen Demokratie über. In der Folgezeit florierten Elektrotechnik und Maschinenbau, neue Unternehmen wie der Motorradhersteller Zündapp entstanden.

Nach dem Börsencrash fachten die 1930er-Jahre die Industrialisierung ein weiteres Mal an. Deren gesamte Entwicklung lässt sich heute an zahlreichen originalen Ausstellungsstücken des Museums Industriekultur nachverfolgen, das Mitte der 1980er-Jahre in einer ehemaligen Schraubenfabrik in der Oststadt entstand.

33 25.000 Ausstellungsstücke
Das Germanische Nationalmuseum

Vom Kloster zur Nationalgalerie: Mit dem Germanischen Nationalmuseum sitzt in Nürnberg das größte kulturhistorische Museum des deutschen Sprachraumes – das auch zahlreiche Objekte aus der regionalen Geschichte beherbergt. Daneben bietet ein altes Kaufmannshaus der Renaissance-Ära noch tiefere Einblicke in den Werdegang der Stadt.

Von der Ur- und Frühgeschichte zur Antike, vom Mittelalter bis in die Moderne: Wer sich auf Zeitreise durch 600.000 Jahre begeben will, dem sei ein Besuch im Germanischen Nationalmuseum ans Herz gelegt. Gemälde, Grafiken und Skulpturen, Möbel, Spielzeug und Musikinstrumente, Medaillen, Münzen und Siegel, Kleidung, Rüstungen und Waffen, Schmuck, Werkzeuge und medizinische Instrumente – diese Schau umfasst so ziemlich alles, was man sich aus deutscher Kunst-, Kultur- und Alltagsgeschichte nur vorstellen kann.

Mitte des 19. Jahrhunderts hatte der Oberfranke Hans von Aufseß eine außergewöhnliche Sammlung zur fränkischen und deutschen („germanischen") Geschichte angehäuft. Noch bevor Aufseß 1832 Nürnberger Bürger wurde, drängte der bayerische König Ludwig I. darauf, diese einer breiten Öffentlichkeit zugänglich zu machen. Nach der für viele deutsche Patrioten unbefriedigend verlaufenen Revolution von 1848/49 kam es dank Aufseß' Initiative zur Gründung eines Germanischen Nationalmuseums (GNM), das in Nürnberg beheimatet sein sollte und dessen erster Direktor er wurde.

1857 konnte hierzu das ehemalige Kartäuserkloster in der südlichen Lorenzer Altstadt bezogen werden, das Ludwigs Nachfolger Max Joseph II. zur Verfügung gestellt hatte. Bis dahin war das aus dem 14. Jahrhundert stammende und 1525 profanierte Kloster unter anderem als Wohnung für Pfarrwitwen und als Lagerfläche für das Militär genutzt worden, die zugehörige Kirche diente eine Weile für katholische Gottesdienste. Im Zweiten Weltkrieg massiv zerstört, erhielt das Museum beim Wiederaufbau der 1950er- und 1960er-Jahre Neubauten, die 1993 um das gläserne Museums-Forum und die „Straße der Menschenrechte" ergänzt wurden. Von der ehemaligen Klosteranlage erhalten geblieben sind Kirche, Kreuzgänge und ehemalige Mönchshäuser.

Bis heute ist das GNM das größte kulturhistorische Museum des deutschen Sprachraums und zählt dank seiner umfangreichen Ausstellungsfläche zu den größten Museen der Welt. Es beherbergt rund 1,3 Millionen Objekte der Kunst- und Kulturgeschichte, von denen über 25.000 ausgestellt sind. Mit 350.000 Blättern ist die Graphische Sammlung eine der größten in Europa. Daneben betätigt sich das GNM stetig an der Forschung zur deutschen Geschichte, sammelt auf inzwischen über zwei Regalkilometern Familienarchive und andere Nachlässe und publiziert zahlreiche Werke im haus-

Das 1993 entstandene gläserne Museums-Forum, das von der Straße der Menschenrechte aus betreten werden kann, dient heute als Haupteingang zum GNM.

eigenen Verlag. Neben den Mitarbeitern des GNM können auch externe Historiker und Hobbyforscher auf die umfassenden Bestände der Archive und der Bibliothek zurückgreifen, wofür eigene Studiensäle eingerichtet wurden.

Im Vordergrund für Besucherinnen und Besucher stehen aber natürlich Dauerausstellung und Sonderschauen. In Ersterer sind auch zahlreiche lokale Objekte aus der Geschichte der Stadt Nürnberg und der Region zu bewundern, darunter der bronzezeitliche Goldkegel von Ezelsdorf-Buch, der Heiltumsschrein zur Aufbewahrung der Reichskleinodien, die sogenannte Henlein-Uhr, der Globus von Martin Behaim, Skulpturen von Veit Stoß und Bilder von Albrecht Dürer. Auch über die Anfänge des GNM selbst kann man hier einiges erfahren.

Wer danach noch mehr über die Geschichte der Stadt Nürnberg wissen will, dem sei auch das Stadtmuseum im Fembo-Haus ans Herz gelegt. Das Ende des 16. Jahrhunderts errichtete Gebäude an der Burgstraße überstand als einziges großes Kaufmannshaus der Spätrenaissance die Bomberangriffe des Zweiten Weltkriegs unbeschadet. Heute kann man in ihm nicht nur in rund tausend Jahre Stadtgeschichte eintauchen, sondern auch originäre Raumausstattungen wie Deckengemälde, Wandtäfelungen und Möbelstücke bewundern.

34 Rotbier und Helles
Die Brauereigeschichte der Stadt

Nürnberg kann auf eine mittelalterliche Verordnung zum ausschließlichen Brauen mit Gerste verweisen, die 200 Jahre älter ist als das Bayerische Reinheitsgebot. In der Zeit der Großbrauereien war die Stadt zudem Bayerns Bierexporteur Nummer 1. Heute halten noch einige wenige Brauereien die Tradition hoch.

Tucher, Patrizier, Lederer – von einst großen Nürnberger Unternehmen braut heute nur noch das erstgenannte als Privatbrauerei vor Ort. Zwar stehen auf dem einstigen Stammsitz von Tucher Bräu im Nürnberger Norden (nahe Schillerplatz) seit ein paar Jahren Wohnhäuser, doch seit 2018 ist das denkmalgeschützte Alte Sudhaus wieder Braustätte. Gut so, steht gerade diese Brauerei doch für rund 350 Jahre Nürnberger Braugewerbe. Schließlich ging Tucher Bräu (gegründet von der gleichnamigen Patrizierfamilie) Mitte des 19. Jahrhunderts aus dem Königlichen Bräuhaus hervor, welches wiederum ein Nachfolger des 1672 vom Rat der Stadt eingerichteten Weizenbräuhauses war.

Dabei ist Nürnberg schon viel länger Stadt der Bierbrauer. Bereits zu Beginn des 14. Jahrhunderts wird das Getränk in einem Satzungsbuch des Rates erwähnt, inklusive des Hinweises, dass ausschließlich mit Gerste zu brauen sei („weder Hafer noch Korn noch Dinkel noch Weizen"). In den folgenden Jahrhunderten durfte jeder Bürger der Stadt sein eigenes Bier brauen, vorausgesetzt er hielt sich an die Vorschriften der Gewerbepolizei, die unter anderem die Zahlung einer Verbrauchssteuer (das sogenannte Ungeld) vorsahen.

Gebraut wurde untergäriges Rotbier, das konstante kühle Temperaturen für Gärprozess und Lagerung voraussetzte, die dank der Felsenkeller der Altstadt gegeben waren. Ab der ersten Hälfte des 16. Jahrhunderts ist dann auch helleres obergäriges Bier (Weißbier) belegt. Erst zum Ende des 16. Jahrhunderts wurde die Vergabe weiterer Braurechte vorerst eingestellt – fünfunddreißig Rot- und elf Weißbierbrauereien schienen dem Rat genug.

Der große Schub kam mit der Industrialisierung, als zahlreiche technische Errungenschaften das Brauwesen veränderten: Neue Messgeräte ermöglichten gleich bleibende Qualität, Dampfmaschinen ersetzten Muskelkraft, und die Eisenbahn förderte den Export. Die Lage der Stadt in einem wichtigen Anbaugebiet des Hopfens begünstigte zudem die Massenproduktion. Durch findige und finanzstarke Brauer setzte ein Verdrängungswettbewerb ein, kleine Betriebe mussten schließen oder wurden aufgekauft. Es entstanden Nürnberger Großbrauereien wie Zeltner, Lederer und eben Tucher. In der zweiten Hälfte des 19. Jahrhunderts überholte Nürnberg traditionelle Brauereistädte Frankens wie Erlangen und Kulmbach, ab 1880 war man Bayerns größter Bierexporteur, mit Niederlassungen bis ins fernste Ausland.

Im denkmalgeschützten Alten Sudhaus der Tucher Brauerei in der Nordstadt wird seit 2018 wieder Bier gebraut.

Hatte Nürnberg beim Übergang an Bayern 34 Brauhäuser gezählt, kontrollierten 1925 nur noch fünf Großbrauereien den Markt. Bis 1994 schmolzen ihre beiden letzten Vertreter Tucher und Patrizier zu einem Betrieb zusammen und wurden Anfang des neuen Jahrtausends Teil der Radeberger Gruppe.

Derweilen entstanden aber wieder kleinere Brauereien: So produzieren zum Beispiel die 1984 gegründete Hausbrauerei „Altstadthof" (in der Bergstraße) und seit 2021 das „Tucher Brauhaus" im Mautkeller am Hallplatz mit ihren Rotbieren auf traditionelle Weise. 2014 griff ein Zeltner das Familienunternehmen wieder auf und seit 2016 ist im Stadtteil Höfen die Brauerei „Schanzenbräu" aktiv.

Und die heute als klassische fränkische Kultur betrachteten Biergärten unter Bäumen? Sind tatsächlich eine eher junge Errungenschaft, die erst in der Kaiserzeit aus Südbayern nach Franken schwappte. Vorläufer waren immerhin die Zwingergärten der Stadtbefestigung, die teils jedoch nicht jedem zugänglich waren. Heute hat Nürnberg einmal im Jahr „Europas längsten Biergarten" zu bieten, wenn im Sommer im Nürnberger Burggraben das Fränkische Bierfest stattfindet, auf dem über 100 verschiedene Biersorten probiert werden können. Und wem das nicht genug ist, dem sei eine der Brauereiführungen oder einer der geführten Rundgänge durch die Bierstadt Nürnberg empfohlen.

35 Der Nürnberger Stil
Bauentwicklung bis 1900

Ende des 19. Jahrhunderts stieg die Einwohnerzahl Nürnbergs sprunghaft an. Rasch wuchs die Stadt über ihre Mauern hinaus, Arbeitersiedlungen entstanden rund um Industriegebäude, ganze Straßenzüge mussten neuen Bürgerhäusern weichen. Letztere orientierten sich dabei an einem ganz eigenen Nürnberger Stil.

Im Jahr 1871 wurde Nürnberg Teil des deutschen Kaiserreichs, wenn es auch eine königlich-bayerische Stadt blieb. Zu dieser Zeit zählte man über 80.000 Einwohner. Im Jahr 1881 überstieg die Zahl bereits die 100.000 und wuchs sprunghaft weiter auf rund 260.000 um die Jahrhundertwende an. Diese Menschen benötigten Wohnraum. Das führte zu einer regen Bautätigkeit, die sich zum einen im Abriss und Neubau von Gebäuden innerhalb der Stadtbefestigung, zum anderen in der Ausweitung der Vororte auswirkte.

Außerhalb der Mauern der Altstadt erfolgte die Ausbreitung schwerpunktmäßig in drei Richtungen: im Westen entlang der Straße nach Fürth, südlich der Bahnlinie im erweiterten Einzugsgebiet des Bahnhofs sowie nordöstlich im Vorfeld des Laufer Tors. Ein kleines Viertel für sich bildete die vor dem Marientor liegende, planmäßig errichtete Marienvorstadt als eine Mischung aus Gewerbegebiet und Wohnanlage für das gehobene Bürgertum, darunter auch viele jüdische Geschäftsleute.

Im Vergleich dazu blieben Norden (Gärten hinter der Veste) und Nordwesten (Johannis) noch eher spärlich bebaut, den dortigen freien Raum nutzte die Stadt zur Errichtung des Centralfriedhofs (1880, heute Westfriedhof), eines Kreis-Archiv-Gebäudes (1880, heutiges Staatsarchiv), eines neuen Blinden-Instituts (1893) sowie des neuen Krankenhauses (1897).

In Gostenhof entstanden nördlich und südlich der Fürther Straße zahlreiche Kasernen und Werkstätten sowie die Gefangenenanstalt (heutige JVA). Südlich der Eisenbahnlinie veränderten sich die Vororte von Steinbühl bis St. Peter deutlich hin zu Arbeitersiedlungen. Eine ähnliche Entwicklung nahm die Gegend östlich der Stadt von der Keimzelle des alten Vororts Wöhrd über Rennweg bis zur Maxvorstadt im Nordosten, wo sich neben Fabriken auch Wohnviertel ausbreiteten, die mit dem neuen Stadtpark am ehemaligen Judenbühl, fortan Maxfeld genannt, ihre eigene Entspannungs-Oase vor der Tür hatten.

Neben Fabriken, Werkstätten und Mietwohnungen für die Arbeiterschaft entstanden jedoch auch noble Bürgerhäuser in den begehrten Lagen, die maßgeblich vom Nürnberger Stil geprägt waren. Charakteristisch für diese Gründerzeithäuser war die Verknüpfung von Neorenaissance mit traditionellen Elementen reichsstädtischer (gotischer) Architektur – wie Chörlein und übers Eck reichende Erker (teils mit kleinen Turmdächern) an den Fassaden sowie Erker und Gauben an den Dächern. Als Baumaterial diente traditionell der Burgsandstein.

Das Eckhaus Lorenzer Straße / Marientormauer steht mit seiner verzierten Sandsteinfassade, den Erkern und gotischen Spitzdächern exemplarisch für den Nürnberger Stil.

In bedeutenden Straßenzügen der Lorenzer Stadtseite – wie den Ost-West-Verbindungen Karolinenstraße und Adlerstraße sowie der als Hauptverbindung zwischen Centralbahnhof und Altstadt dienenden Königstraße – wurden ganze (teilweise noch eher junge) Häuserreihen abgerissen und im besagten Stil neu erbaut. Fortan prägten hier teils fünfstöckig in den Himmel ragende Geschäftshäuser, Hotels und gehobene Mietwohnungen das Straßenbild.

Bis ins frühe 20. Jahrhundert setzte sich der Nürnberger Stil auch über die Altstadt hinaus fort (erst allmählich abgelöst vom Jugendstil). Exemplarisch genannt seien das Viertel um Friedrich-Ebert-Platz und Archivpark in der Nordstadt, das Umfeld des Petra-Kelly-Platzes südlich des Plärrers sowie im Westen die Viertel um die Veit-Stoß-Anlage und den Rosenaupark.

1899 erließ die Stadt ein Statut, das für Um- und Neubauten von Häusern rund um Objekte von geschichtlicher oder architektonischer Bedeutung (wie Burg, Rathaus, Kirchen und Stadtmauer) eine Orientierung am Nürnberger Stil vorschrieb. Kaum eine andere Stadt beschäftigte sich in dieser Zeit derart tiefgreifend mit ihrer eigenen Baugeschichte. Es ging auch darum, ein eigenes reichsstädtisches Selbstverständnis in Zeiten auszudrücken, in denen Nürnberg nur eine Stadt unter vielen in Bayern und im neuen deutschen Kaiserreich war.

36 Denkmal des Größenwahns
Das Reichsparteitagsgelände

Für Adolf Hitler galt Nürnberg mit seiner mittelalterlichen Tradition als Vorzeigestadt. Ab 1933 erkor er sie zur „Stadt der Reichsparteitage". Zu diesem Zweck ließ er ein riesiges Aufmarschgelände errichten, mit Sportarenen, Kolosseum und Großer Straße. Heute erinnert Nürnberg hier an das dunkle Erbe des Nationalsozialismus.

Bereits 1927 und 1929 veranstalteten die Nationalsozialisten ihre Parteitage in Nürnberg, „der deutschesten aller deutschen Städte". Ab 1933 wurde die ehemalige Stadt der Reichstage dann offiziell zur „Stadt der Reichsparteitage": Jeden September versammelte sich hier die NS-Riege mit ihren Anhängern, zelebrierte vor bis zu einer Million Menschen den Führerkult und inszenierte die Deutschen als wehrhafte Volksgemeinschaft.

Neben Kundgebungen in der mit Hakenkreuzfahnen übersäten Innenstadt oder im Opernhaus diente als Schauplatz für die Massenparaden ein (seit der Landung eines Luftschiffes im Jahre 1909 als Zeppelinwiese bezeichnetes) Areal im Südosten der Stadt. Hier ließ Adolf Hitler nach eigenen Plänen und denen des Architekten Albert Speer eine monumentale Versammlungs- und Aufmarschstätte errichten. Unter Einbeziehung des Volksparks Dutzendteich und angrenzender Flächen wie des Luitpoldhains sollte dem „Tausendjährigen Reich" ein größenwahnsinniges Denkmal gesetzt werden. Die Regisseurin Leni Riefenstahl drehte hier ihre NS-Propagandafilme wie „Triumph des Willens".

In der Folgezeit musste der Tiergarten weichen und wurde die Luitpoldhalle umgebaut, entstanden Luitpoldarena, Zeppelintribüne und die den Dutzendteich zerteilende Große Straße als zentrale Achse. Die Fertigstellung der 1935 begonnenen Kongresshalle (angelehnt an das Colosseum in Rom) wurde jedoch ebenso durch den Krieg verhindert wie der Bau des 1937 grundsteingelegten Deutschen Stadions, das als größtes Stadion der Welt 400.000 Menschen Platz bieten sollte (heutiger Silberbuck mit Silbersee).

Eine menschenverachtende Entwicklung nahm der für die Teilnehmer der Reichsparteitage gebaute Bahnhof Märzfeld (östlich des heutigen Messegeländes): Nach Kriegsbeginn fungierte er zum An- und Abtransport von Kriegsgefangenen, 1941 und 1942 zur Deportation fränkischer Juden in die Vernichtungslager. Das weiter südlich errichtete Lager für Reichsparteitagsteilnehmer (Gleiwitzer Straße) wurde unter anderem zum Zwangsarbeiterlager umfunktioniert. Nach 1946 diente das Gelände als Internierungslager für Deutsche sowie als Unterbringungsstätte für Flüchtlinge und Heimatlose (sogenannte Displaced Persons).

Zuvor hatte die US-Armee am 22. April 1945 das Hakenkreuz am Mittelbau der Zeppelintribüne gesprengt. Der Kongresshallen-Torso dämmerte fortan im Dornröschenschlaf vor sich hin. Sein Innenhof diente zeitweilig als Abstellfläche für

Der hufeisenförmige Rundbau der Kongresshalle prägt heute den angrenzenden Großen Dutzendteich. Der das Hufeisen rechts abschließende Flachbau (Südflügel) beherbergt Musiksaal und Serenadenhof, sein Pendant dahinter (nicht im Bild) das Dokuzentrum.

Autos, seine Räumlichkeiten als Lagerstätte. Im Südflügel zogen die Nürnberger Symphoniker ein. Pläne für den Umbau zum Sportstadion wurden hingegen genauso wenig realisiert wie solche für ein Einkaufszentrum darin.

Infolge der 1985 eröffneten Ausstellung „Faszination und Gewalt" im Goldenen Saal der Zeppelintribüne entwickelte sich dann Mitte der 1990er-Jahre die Idee einer großen Dauerausstellung. 2001 wurde im Nordflügel der Kongresshalle das „Dokumentationszentrum Reichsparteitagsgelände" eröffnet, seit 2006 leitet zudem ein Informationssystem über das umliegende Areal.

Heute sind Zeppelinfeld und Dokuzentrum (mit bis zu 250.000 Besuchern jährlich) einer der bedeutendsten Orte in Deutschland für die Auseinandersetzung mit dem NS-Erbe. Die Frage nach dem Erhalt der noch bestehenden Bauten führt immer wieder zu öffentlichen Debatten. Manche wollen sie verfallen lassen oder gleich ganz abreißen, viele sie als Lernort „zum Anfassen" erhalten.

Andere Teile sind längst Freizeitorte. So dient heute der Luitpoldhain (Arena und Halle wurden abgetragen) der Erholung sowie Veranstaltungen wie dem „Klassik Open Air", entstanden auf Teilen des Zeppelinfeldes Sportplätze, das Club-Stadion und die Nürnberger Arena. Das Gelände südwestlich der Kongresshalle dient als Volksfestplatz, die Zeppelintribüne als Zuschauerplattform für das Norisrennen und das angrenzende Grünareal für Veranstaltungen wie „Rock im Park".

37 Blutschutz und Friedenstafel
Nürnberg und die Menschenrechte

Vom „Reichsparteitag der Freiheit" zur Stadt der Menschenrechte: Der Name Nürnberg stand nach der Zeit des Nationalsozialismus lange für „Rassegesetze", Judenpogrom und Justizmord. Heute steht er auch für die vorbildliche Auseinandersetzung mit einem der dunkelsten Kapitel der Stadtgeschichte.

Es war zynischerweise der sogenannte Reichsparteitag der Freiheit, der zum Erlass zweier Gesetze führte, welche die Menschenrechte mit Füßen traten: Am 15. September 1935 wurden in Nürnberg das „Reichsbürgergesetz" und das „Blutschutzgesetz" (eigentlich: „Gesetz zum Schutz des deutschen Blutes und der deutschen Ehre") beschlossen, die als „Nürnberger Rassegesetze" in die Geschichte eingingen. Sie legten unter anderem fest, dass vollwertige Rechte als Reichsbürger nur noch Menschen „deutschen oder artverwandten Blutes" (sogenannten „Ariern") zustanden, Ehen und außereheliche Beziehungen zwischen Juden und Deutschen wurden verboten.

In der Folge wurde in Nürnberg auch das einzige Todesurteil in ganz Deutschland im Zusammenhang mit dem „Blutschutzgesetz" verhängt: 1942 wurde der Vorsitzende der Israelitischen Kulturgemeinde Nürnbergs (IKGN), der Kaufmann Leo Katzenberger, in einem Schauprozess im Schwurgerichtssaal 600 wegen des angeblichen „außerehelichen Verkehrs" mit der „Arierin" Irene Seiler zum Tode verurteilt und keine drei Monate später in München hingerichtet.

Bereits 1935 folgten den „Rassegesetzen" Boykottaufrufe, Herabwürdigungen und Berufsverbote für Juden. Besuch und Nutzung von Straßenbahn, Bibliotheken, Schulen und öffentlichen Bädern wurde ihnen untersagt, es kam zu Enteignungen und Verhaftungen. Als 1938 die Hauptsynagoge zerstört wurde, war etwa die Hälfte der (1933 noch rund 8.000 zählenden) Nürnberger Juden außer Landes geflüchtet, zahlreiche jüdische Betriebe waren in „arischen" Besitz übergegangen.

Die Übergriffe, die nicht allein von der SA ausgingen, sondern auch von Polizei, Justiz und ganz normalen Bürgern, gipfelten vom 9. auf den 10. November 1938 in der sogenannten Reichspogromnacht, in der auch die Synagoge in der Essenweinstraße in Brand gesetzt, jüdische Geschäfte und Wohnungen verwüstet und jüdische Mitbürger misshandelt wurden. 26 Menschen kamen infolge dieser Nacht in Nürnberg zu Tode.

Keine zwei Wochen zuvor hatten in Nürnberg die ersten Deportationen insbesondere polnischstämmiger jüdischer Mitmenschen begonnen. Seit 1939 wurden Juden sogenannte „Judenhäuser" zugewiesen, ab 1941 war das Tragen des gelben Judensterns Pflicht. Im selben Jahr kam es zu Massentransporten fränkischer Juden vom Bahnhof Märzfeld in die Konzentrations- und Vernichtungslager im Osten, 1943 wurde die IKGN aufgelöst. Nürnberg und Menschenrechte

Die Straße der Menschenrechte und ihre Rundpfeiler mit Auszügen aus der Allgemeinen Erklärung der Menschenrechte.

schienen bis 1945 zwei Wörter, die nicht zusammenpassten.

Ab den 1980er-Jahren zeigte sich die Stadt zunehmend engagiert, sich ihrer dunklen Vergangenheit zu stellen. 1993 wurde in der Kartäusergasse beim Germanischen Nationalmuseum die „Straße der Menschenrechte" des israelischen Künstlers Dani Karavan eingeweiht. Sie besteht unter anderem aus 27 weißen Rundpfeilern mit jeweils einem Auszug eines Artikels der 1948 verkündeten „Allgemeinen Erklärung der Menschenrechte". Seit 1995 wird von der Stadt Nürnberg zudem alle zwei Jahre der Internationale Nürnberger Menschenrechtspreis verliehen.

1998 wurde die Verleihung des Deutschen Menschenrechtsfilmpreises, ein Jahr später die „Nürnberger Friedenstafel" als interkulturelles Bürgerfest (dank rund 40.000 Gästen ins Guinness-Buch der Rekorde aufgenommen) ins Leben gerufen. Beide Veranstaltungen werden seither ebenfalls zweijährig abgehalten, ein eigens eingerichtetes Menschenrechtsbüro (deutschlandweit einmalig) wirkt bei ihrer Organisation mit. Im Jahr 2000 wurde Nürnberg hierfür mit dem UNESCO-Preis für Menschenrechtserziehung ausgezeichnet. So darf sich Nürnberg heute zu Recht als „Stadt der Menschenrechte" bezeichnen – aufgrund einer vorbildlichen Auseinandersetzung mit der eigenen Schuld.

38 Nur noch eine Trümmerwüste
Zerstörung und Wiederaufbau

Von 1942 an flogen alliierte Bomber über 40 Attacken auf Nürnberg, die rund 6.000 Opfer forderten. Der verheerendste Luftangriff erfolgte am 2. Januar 1945, die Altstadt wurde ein Flammenmeer. Doch nach dem Krieg erstand Nürnberg wieder wie Phoenix aus der Asche.

Nachdem man den Krieg in Nürnberg lange nur aus der Zeitung, in Form von Einberufungen, Rationierungen, dann ersten Todesmeldungen von der Front gekannt hatte, traf im August 1942 der erste Bomberangriff die Stadt. 150 Häuser wurden zerstört, 136 Menschen starben. Von nun an folgten immer wieder Fliegeralarme. Ein besonders schwerer Luftangriff mit rund 650 britischen Bombern fiel auf die Nacht vom 10. auf den 11. August 1943, sodass ausgerechnet am Jahrestag des heiligen Laurentius, des Schutzherrn der Lorenzkirche, ein Sprengkörper in deren Hallenchor einschlug. Mit 585 Toten und einem Flächenbrand im Stadtteil Wöhrd blieb diese Nacht lange als eine der schlimmsten in Erinnerung.

Ziel der Luftminen waren vor allem kriegswichtige Industrie und Infrastruktur, aber auch die Moral der Deutschen. Nürnberg galt als bedeutender Rüstungsstandort, die Stadt der Reichsparteitage besaß zudem reichlich Symbolkraft. Insbesondere Royal Air Force und US Air Force setzten auf die Zerstörung von Innenstädten und Wohngebieten und damit auf die Zermürbung der einheimischen Bevölkerung (sogenanntes morale bombing) – eine Absicht, die sich jedoch, wie schon andersherum in der „Luftschlacht um England“, als weitestgehend erfolglos erweisen sollte.

Der 1940 von Adolf Hitler in Auftrag gegebene Bunkerbau für die Zivilbevölkerung war bereits ein Jahr später ins Stocken geraten. Stattdessen wurde unter anderem der Ausbau der Felsenkeller unter der Sebalder Altstadt forciert. Bis 1945 konnten sich dort bis zu 60.000 Menschen in Sicherheit bringen. Auf der letzten großen Propagandaveranstaltung der Nationalsozialisten im Juni 1944 versprach Joseph Goebbels, dass der Wiederaufbau der Stadt nur ein Jahr kosten würde, und stellte dazu fest: „Was bedeutet ein Jahr in der Geschichte Nürnbergs? Gar nichts!“

Ein halbes Jahr später folgte ein Luftangriff, der als der verheerendste in das kollektive Gedächtnis der Stadt eingehen sollte. Am Abend des 2. Januar 1945 warfen über 500 britische Bomber rund 2.300 Tonnen Spreng- und Brandbomben über der Stadt ab. Quasi die gesamte Altstadt wurde ein Raub des anschließenden Feuersturms, der 1.829 Opfer forderte und 100.000 Menschen obdachlos machte. Im Sebalder Teil blieb nur das südwestlich der Burg gelegene Gebiet (Bereiche des ehemaligen Weinmarktviertels und des Milchmarktviertels) weitgehend verschont, im Lorenzer Teil überdauerten einzelne Häuserzeilen entlang der westlichen, südwestlichen und südöstlichen Stadtmauer.

Mehr als 40 Angriffe flogen die alliierten Bomber auf Nürnberg, insgesamt

Foto der völlig zerstörten Altstadt, das der US-Army-Fotograf Ray D'Addario kurz nach Kriegsende von der Freiung aus machte.

fielen ihnen etwa 6.000 Nürnberger Bürger zum Opfer. Der letzte Fliegeralarm war noch am 16. April 1945 zu hören, als die Amerikaner bereits am Stadtrand standen. Was folgte, war eine fünftägige Schlacht um die Übergabe der Stadt, die vonseiten der Nürnberger NS-Entscheidungsträger in sinnloser Selbstvernichtungsabsicht geführt wurde. Schwerer Artilleriebeschuss führte zu weiteren Zerstörungen und Toten. Am 20. April 1945 – dem Geburtstag des „Führers" – war die 7. US-Armee Herrin der Stadt.

Nürnberg war eine Trümmerwüste, die Einwohnerzahl von über 400.000 auf rund die Hälfte gesunken, 95 Prozent der historischen Bausubstanz der Altstadt waren vernichtet. Die Diskussion um die Zukunft der Stadt wurde hauptsächlich von zwei Meinungen beherrscht: dem Vorschlag eines modernen Neuaufbaus und dem der Wiederherstellung des alten Stadtkerns. 1948 schloss sich eine Mehrheit der Bürger letzterem an, insbesondere in den 1950er-Jahren wurden zahlreiche Gebäude im Einklang mit der Historie wiedererrichtet. Eine Hinterlassenschaft der Luftkriege ist jedoch geblieben: Bis heute kommt es in Teilen des Stadtgebiets immer wieder zu Funden von Blindgängern.

39 Schwurgerichtssaal 600
Die Nürnberger Prozesse

Die Kriegsverbrecher-Tribunale gegen die führenden Vertreter des NS-Regimes gingen als „Nürnberger Prozesse“ in die Geschichte ein. Ein Spielfilm von 1961 zeichnet einen von ihnen auf dramatische Weise nach. Inzwischen ist auch der berühmte Schwurgerichtssaal im Justizpalast für die Öffentlichkeit zugänglich.

Am 20. November 1945 nahmen im eigens hierfür umgebauten Schwurgerichtssaal Nr. 600 des Nürnberger Justizpalastes an der Fürther Straße acht Richter Platz (jeweils zwei der vier alliierten Besatzungsmächte). Es war der Beginn der Verhandlungen zur Bestrafung der „Hauptkriegsverbrecher“. Die 218 Prozesstage sollten als erster „Nürnberger Prozess“ in die Geschichte eingehen.

Der 1916 im Stil der „Deutschrenaissance“ fertiggestellte Justizpalast und mit ihm seine Haftinfrastruktur hatten den Krieg nahezu unversehrt überstanden. Dies und die große symbolische Bedeutung Nürnbergs als Stadt der Reichsparteitage und „Rassegesetze“ waren maßgebend für die Entscheidung gewesen, den Prozess von Berlin nach Nürnberg zu verlegen.

Bereits 1943 war die Bestrafung der „Hauptkriegsverbrecher“ von den Alliierten angekündigt worden. 24 Vertretern der Führungselite des NS-Regimes (von denen 21 beim Prozess anwesend waren) wurden Verschwörung gegen den Frieden, Verbrechen gegen den Frieden, Kriegsverbrechen und Verbrechen gegen die Menschlichkeit angelastet. Die prominentesten unter ihnen waren Reichsmarschall Hermann Göring, Hitlers Stellvertreter Rudolf Heß, Generalfeldmarschall Wilhelm Keitel, Außenminister Joachim von Ribbentrop sowie Julius Streicher, der Herausgeber des antisemitischen Hetzblatts „Der Stürmer“.

Weltweit wurde in Wochenschauen aus dem Saal 600 berichtet. Am 1. Oktober 1946 erfolgte der Urteilsspruch, der in zwölf Fällen auf Tod durch den Strang lautete. Bis auf zwei (Göring sowie Reichsminister Martin Bormann hatten Suizid begangen) wurden alle Todesurteile am 16. Oktober 1946 in der alten Turnhalle der angrenzenden Strafanstalt vollstreckt.

Wenige Tage später entschloss sich die US-Militärregierung, weitere Verfahren gegen deutsche Kriegsverbrecher im Justizpalast abzuhalten. Die zwölf „Nürnberger Nachfolgeprozesse“ setzten sich mit der Schuld führender Vertreter des Auswärtigen Amtes, der SS, der Wehrmacht, der NS-Justiz, der Ärzteschaft wie auch der Industrie auseinander. 24 weitere Angeklagte (von 177) wurden dabei zum Tod verurteilt.

Die Nürnberger Prozesse gelten als Geburt des modernen Völkerstrafrechts. 1946 bestätigte die Generalversammlung der Vereinten Nationen die in den Prozessen angewandten Rechtsprinzipien, die UNO-Völkerrechtskommission legte 1950 deren universelle Gültigkeit fest. 1998 bildeten die „Nürnberger Prinzipien“ die Grundlagen für die Errichtung des Internationalen Strafgerichtshofes in Den Haag.

Im legendären Schwurgerichtssaal 600 fanden einst die Nürnberger Prozesse statt. Bis 2020 wurde hier noch Gericht gehalten.

Basierend auf dem Juristenprozess von 1947 schildert der prominent besetzte US-Spielfilm „Urteil von Nürnberg" (1961) dramaturgisch vereinfacht, aber wirkungsvoll das Militärtribunal gegen vier NS-Richter. Der im Film thematisierte Justizmord an dem (fiktiven) Juden Feldenstein beruht auf dem wahren Fall des Leo Katzenberger. Der Film wurde im Saal 600 gedreht. In einer Szene nimmt der von Spencer Tracy gespielte US-Richter die Tram Richtung Maxfeld und spaziert anschließend über den Hauptmarkt, im Hintergrund die Frauenkirche.

Nürnberg und Bayern taten sich lange schwer mit dem Erbe der Kriegsverbrecherprozesse. Als der Justizpalast 1961 an die bayerische Justiz zurückgegeben wurde, wurden alle Ein- und Umbaumaßnahmen der US-Militärregierung rückgängig gemacht. Der Strafverteidiger von Rudolf Heß, Alfred Seidl, trug als langjähriger CSU-Landtagsabgeordneter und zeitweiliger bayerischer Innenminister dazu bei, dass die Prozesse lange als Siegerjustiz und alliiertes Unrecht galten.

Eine Einschätzung, die sich Ende des Jahrtausends änderte. So wurde 2010 im Justizpalast das „Memorium Nürnberger Prozesse" als Dauerausstellung eröffnet. 2015 wurde zudem die Stiftung Internationale Akademie Nürnberger Prinzipien gegründet. Bis 2020 fanden im Schwurgerichtssaal noch Landgerichtsprozesse statt. Seitdem dient der berühmte Saal 600 als begehbares Museum.

40 Wegweiser in die Demokratie
Die Nürnberger Zeitungen

Vom späten 17. bis zum Ausgang des 18. Jahrhunderts kannte Nürnberg neben Anzeigenblättchen nur eine täglich erscheinende Zeitung. Das änderte sich mit dem wachsenden Hunger nach Informationen im 19. Jahrhundert. Die 1930er-Jahre brachten dann Hetze und Hass, bis 1945 die Stunde der freien Presse schlug.

Die Stunde Null – das Ende der NS-Herrschaft und des Zweiten Weltkriegs – sah ein Nürnberg in Trümmern. Neben dem täglichen Kampf gegen den Hunger war das Informationsbedürfnis in der Bevölkerung groß. So kam es, dass die amerikanische Militärregierung dem Nürnberger Volkswirt, Widerständler und KZ-Überlebenden Joseph E. Drexel noch 1945 eine Lizenz für die Herausgabe einer neuen, freien und unabhängigen Tageszeitung gewährte. Am 11. Oktober 1945 erschien die erste Ausgabe der „Nürnberger Nachrichten".

Rund 150 Jahre zuvor hatten schon einmal politische Umwälzungen den Wissensdurst der Nürnberger angefacht. 1804 kam mit dem „Fränkischen Kreiscorrespondenten von und für Deutschland" (ab 1806 „Correspondent von und für Deutschland") ein Nachrichtenblatt heraus, das den gestiegenen Wissensdurst in Zeiten der Napoleonischen Kriege stillen wollte. Auch gründeten sich, dem Zeitgeist folgend, Anfang des 19. Jahrhunderts Lesegesellschaften wie die „Harmonie", das „Kollegium" und das „Museum", in denen man sich zum Zweck des Lesens von Zeitungen und Journalen sowie des gesellschaftlichen Austauschs über deren Inhalte traf.

Bis dahin war der 1673 erstmals erschienene „Teutsche Kriegs-Curier" (später auch „Friedens- und Kriegskurier") die einzige täglich erscheinende Zeitung in Nürnberg gewesen. Nun entwickelte sich der „Correspondent" zu einer der führenden nationalliberalen Zeitungen in Bayern, schloss sich mit dem „Generalanzeiger für Nürnberg-Fürth und Umgebung" zusammen und benannte sich schließlich 1913 in „Nürnberger Zeitung" um. Daneben kam es zu zahlreichen weiteren Blattgründungen, darunter die „Nürnberg Stadtzeitung" (deutschnational, ab 1920 „Bayerische Nationalzeitung", 1925 eingestellt), die „Fränkische Tagespost" (sozialdemokratisch, Redaktion 1933 von der SA gestürmt und verboten) und die „Nürnberger Volkszeitung" (katholisch, seit 1919 „Bayerische Volkszeitung", 1939 eingestellt).

Besondere Bedeutung erlangte vor allem die „Allgemeine Zeitung von und für Bayern" für das liberale Bürgertum. Ab Mitte des 19. Jahrhunderts als „Fränkischer Kurier" auflagenstärkste Tageszeitung Nürnbergs, verfolgte sie nach Ende des Ersten Weltkriegs zunehmend nationalkonservative Interessen und wurde als eine der letzten großen Tageszeitungen in privater Hand erst 1944 eingestellt.

Ein Tiefpunkt in der Nürnberger Presseberichterstattung waren die Gründungen der Wochenzeitung „Der Stürmer" (1923) und des lokalen NS-Parteiorgans „Fränki-

Eines der markantesten Gebäude der „Nürnberger Nachrichten" ist die Pressekantine, die dem Pressehaus an der Badstraße gegenüberliegt.

sche Tageszeitung" (1933) durch den Volksschullehrer und pathologischen Antisemiten Julius Streicher. „Der Stürmer" entwickelte sich bald vom regionalen Krawallblatt, das gegen die sozialliberale Stadtregierung aufwiegelte, zum Organ judenfeindlicher Hetze mit reichsweiter Bedeutung.

Bis zur Stunde Null. Ab 1949 wirkten Joseph E. Drexel und später sein Nachfolger Bruno Schnell in dem Gebäude an der Marienstraße, in dem zuvor die NSDAP-Gauleitung ansässig gewesen war. Im selben Jahr kehrte zusätzlich zu den „Nürnberger Nachrichten" dank der im Grundgesetz verankerten Pressefreiheit so manch bekannter Zeitungsname zurück, darunter auch die „Nürnberger Zeitung". Zwei Jahre später fusionierte sie mit der „Nordbayerischen Zeitung", bis sie 1961 in den Verlag der „Nürnberger Nachrichten" (heute Verlag Nürnberger Presse) geholt wurde. 2020 wurden beide Redaktionen zusammengelegt.

Ab Ende der 1950er-Jahre schuf Bruno Schnell zudem ein System, das als „Nürnberger Modell" in die deutsche Pressegeschichte eingehen sollte: Durch die Belieferung kleinerer Zeitungen des erweiterten Umlandes mit dem eigenen Hauptteil, dem sogenannten Mantel, konnte das Verbreitungsgebiet deutlich erhöht werden. Zugleich wurde die Existenz zahlreicher Heimatblätter von Rothenburg bis Pegnitz, von Treuchtlingen bis Ebermannstadt gesichert, die ihre Lokalteile weiterhin selbst produzierten und ihre publizistische Unabhängigkeit wie auch ihre vertrauten Namen beibehielten.

41 Für Arbeitslose und Flüchtlinge
Sitz zweier Bundesbehörden

Berlin ist weit, dennoch haben in Nürnberg zwei Bundesoberbehörden ihren Sitz: So sind in der Bundesagentur für Arbeit die deutschlandweiten Arbeitsämter vernetzt, während das Bundesamt für Migration und Flüchtlinge von Nürnberg aus über Asylanträge entscheidet.

Am Ende jedes Monats blicken Arbeitsmarktexperten, Personaldienststellen und Wirtschaftsredaktionen nach Nürnberg. Denn dann rückt der Monatsbericht zum Arbeits- und Ausbildungsmarkt mit den Arbeitslosenzahlen und der Arbeitslosenquote in den Fokus der Öffentlichkeit. Präsentiert wird dieser zwölfmal im Jahr im Rahmen einer Pressekonferenz von den Vorstandsvorsitzenden (bis 2002 Präsidenten) der Bundesagentur für Arbeit (BA) – und die hat ihren Hauptsitz in Nürnberg.

Geschaffen wurde sie 1952 als Bundesanstalt für Arbeitsvermittlung und Arbeitslosenversicherung unter der Leitung von Julius Scheuble. Das erste Dienstgebäude (nach einer provisorischen Unterbringung in einer Schule) lag am Frauentorgraben. Damit hatte Nürnberg den ärgsten Rivalen Koblenz als Hauptstellen-Standort aus dem Feld geschlagen.

Bei ihrer Gründung konnte die BA bereits auf eine bis in die Kaiserzeit zurückreichende Tradition verweisen. 1901 hatte man mit der Zählung von Arbeitslosen im gesamten Reich begonnen, Ende 1918 war eine staatliche Erwerbslosenfürsorge eingerichtet worden. In der Zeit der Weimarer Republik hatte es mit dem Reichsamt für Arbeitsvermittlung (gegründet 1920) und der Reichsanstalt für Arbeitsvermittlung und Arbeitslosenversicherung (gegründet 1927) dann zwei Vorläuferbehörden der BA in Berlin gegeben. Ebenfalls 1927 war mit der gesetzlichen Arbeitslosenversicherung die vierte Säule der Sozialversicherung geschaffen worden (neben Kranken-, Unfall- und Rentenversicherung, die bereits in der Kaiserzeit entstanden).

Nach einer Umbenennung in Bundesanstalt für Arbeit (1969) trägt die Nürnberger Behörde seit 2004 den Namen Bundesagentur für Arbeit. Seit 1973 residiert sie in einem markanten Bürogebäudekomplex aus Beton und Glas an der Regensburger Straße. Neben der Arbeitsmarktforschung ist die BA vornehmlich für die Vermittlung von Arbeit, die Berufs- und Studienberatung sowie unterstützend für die Schaffung von Arbeitsplätzen zuständig. Zudem obliegen ihr die Zahlungen von Arbeitslosengeld I und II. Unterstützt wird sie dabei von den örtlichen Arbeitsagenturen und Jobcentern an über 600 Standorten (Stand 2023).

Am 1. August 2022 übernahm mit Andrea Nahles erstmals in der Geschichte der BA eine Frau den Vorstandsvorsitz. Die ausgewiesene Arbeitsmarktexpertin, frühere Bundesministerin für Arbeit und Soziales und SPD-Parteivorsitzende ist damit Dienstherrin von bundesweit rund 100.000 Mitarbeiterinnen und Mitarbeitern. Über 5.000 davon sind in der Nürnberger Arbeitsagentur und ihren

Das Gebäude der Bundesagentur für Arbeit an der Regensburger Straße prägt den Stadtteil Ludwigsfeld.

Dienststellen beschäftigt, was die BA selbst zu einem der größten Arbeitgeber in Stadt und Region macht.

Was auch für die zweite in Nürnberg ansässige Bundesbehörde gilt: das Bundesamt für Migration und Flüchtlinge (BAMF). 1953 als Bundesdienststelle für die Anerkennung ausländischer Flüchtlinge in Nürnberg-Langwasser (auf einem Teilgebiet des dortigen ehemaligen Kriegsgefangenenlagers) gegründet, zog das BAMF 1960 nach Zirndorf (Landkreis Fürth) um, um Mitte der 90er-Jahre zurückzukehren. Seit 1996 hat die Bundesbehörde ihren Hauptsitz in der (1936 bis 1939 als SS-Kaserne errichteten und dann als Merrell-Barracks von der US-Armee genutzten) Südkaserne an der Frankenstraße.

Als dem Bundesinnenministerium unterstellte Bundesoberbehörde hat das BAMF vielfältige Aufgaben im Bereich der Migration und Integration. Unter anderem werden von Nürnberg aus die Erstaufnahmeeinrichtungen gesteuert, Geflüchtete zum Asylrecht beraten, Asylanträge bearbeitet sowie Sprach- und Integrationskurse vermittelt. Darüber hinaus erstellt das BAMF Berichte zu aktuellen Asylzahlen und Entwicklungen der Bildungs- und Erwerbsmigration. Von bundesweit rund 8.000 Mitarbeiterinnen und Mitarbeitern an 16 Standorten (Stand 2023) haben etwa ein Drittel ihren Dienstort in Nürnberg.

42 Besuchermagnet mit Dramen
Der Tiergarten Nürnberg

Nachdem der alte zoologische Garten den Aufmarschplänen der Nationalsozialisten hatte weichen müssen, erwies sich der Umzug in den Reichswald als Glücksfall. Der Tiergarten Nürnberg ist heute mit seiner einzigartigen Delfinlagune und dem angrenzendem Urwaldhaus ein überregionaler Anziehungspunkt.

Der erste städtische zoologische Garten entstand auf einem Gelände nahe dem Luitpoldhain. 1912 eröffnet, erstreckte sich von der Bayernstraße nach Süden eine Anlage mit künstlichen Erhebungen und den vier Nummernweihern nach dem Vorbild des Hamburger Tierparks Hagenbeck. Bereits ein Jahr nach Eröffnung wurden mehr als 800.000 Gäste gezählt, auf knapp zwanzig Hektar konnten in den folgenden Jahren über 1.200 Tiere bewundert werden. Trotzte der Tiergarten im Folgenden noch dem Ersten Weltkrieg und der Inflation, musste er Mitte der 1930er-Jahre Hitlers Plänen für ein Reichsparteitagsgelände weichen.

Auf der Suche nach einem neuen Gelände entschied man sich für eine östlich an die Stadt angrenzende Erhebung im Lorenzer Reichswald: den Schmausenbuck. Dessen Südhang erwies sich mit seinen Felsen, Laub- und Nadelbäumen als ideal. Nach nur zweijähriger Bauzeit zogen 1939 dort, wo einst Burgsandstein für den Bau der Stadt gewonnen worden war, die Tiere ein. Teils wurden die alten Steinbrüche als Freigehege einbezogen. Dank dem Umzug vergrößerte sich die Fläche des Nürnberger Tiergartens um mehr als das Dreifache, was ihn bis heute zum zweitgrößten Landschaftszoo Deutschlands und einem der größten in Europa macht.

Zunächst musste der neue zoologische Garten die Luftangriffe des Zweiten Weltkriegs überstehen. Im August 1943 wurde er schwer getroffen, fast 90 Prozent der Gebäude und Anlagen waren nicht mehr betriebsfähig. Zu weiteren großen Verlusten im Bestand kam es im April 1945, als befreite Zwangsarbeiter zahlreiche der verbliebenen Tiere töteten.

Anlage und Bestand erholten sich in der Folgezeit nur langsam, an den Wiederaufbau in den 1950er-Jahren schlossen sich Arbeiten zur Modernisierung an. 1964 konnte das Giraffenhaus, 1971 dank der Spende eines Nürnberger Mäzens ein Delfinarium eingeweiht werden (das immer wieder Klagen von Tierschützern verursachte). 1977 kam ein Tropenhaus hinzu. Die Zahl der Besucherinnen und Besucher wuchs stetig, bald wurde die Millionengrenze überschritten.

Es folgten 1990 das Naturkundehaus (in das 2014 mit dem Bionicum eine interaktive Ausstellung einzog) sowie 2001 ein Aquapark für Polarbären, Seelöwen, Pinguine, Biber und Fischotter. Letzterem war im Jahr zuvor ein Drama vorangegangen: Unter ungeklärten Umständen öffneten Unbekannte den Zugang zu den Eisbären, die vier Wildtiere konnten ihr Gehege verlassen. Da sich Besucher auf dem Gelände befanden, mussten die Bären nach erfolg-

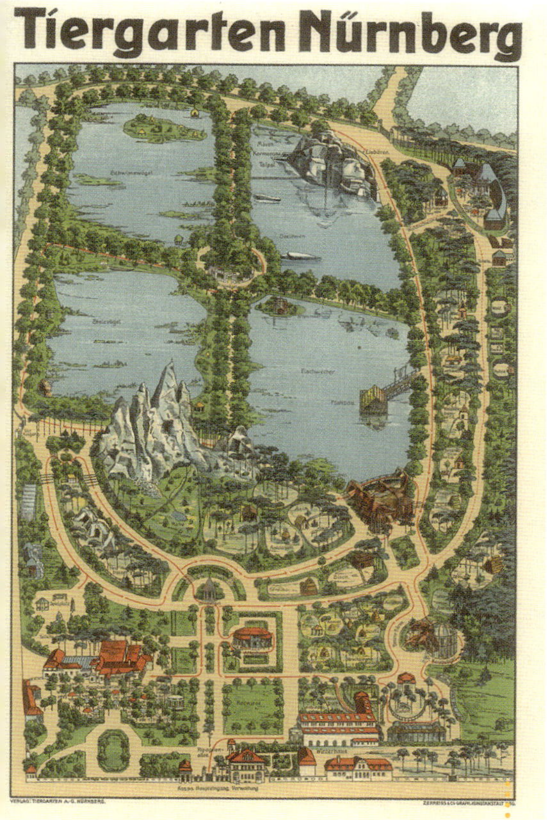

Plan vom alten, westlich des heutigen Volksfestplatzes gelegenen Tiergarten von 1920.

Die Delfinlagune mit ihren Tümmlern und Seelöwen ist eines der Highlights des Tiergartens.

losen Betäubungsversuchen erschossen werden, wofür die Zooleitung viel Kritik einstecken musste. Ein positives Highlight hingegen, das einen regelrechten medialen Hype nach sich zog, war 2007 die Geburt und folgende Handaufzucht der kleinen Eisbärendame Flocke.

Die Ära der Elefanten im Tiergarten endete 2008, seitdem wird immer mal wieder in Öffentlichkeit, Presse und Stadtrat eine Rückkehr der Dickhäuter diskutiert. Die Kosten für ein erforderliches neues Elefantenhaus würden den Stadtsäckel jedoch so sehr belasten, dass man auf absehbare Zeit darauf verzichten muss. Dafür bietet der Tiergarten seit 2011 mit der Delfinlagune eine in Deutschland einmalige Außenanlage für Große Tümmler. Wenn auch aufgrund hoher Erhaltungskosten sowie aus Tierschutzgründen umstritten, sind die Lagune sowie das angrenzende Manatihaus mit seinen namensgebenden Seekühen und dem zugehörigen feucht-tropischen In-Door-Urwald überregionale Attraktionen.

Heute beherbergt der Tiergarten rund 4.300 verschiedene Arten (Stand Ende 2022), betreibt Erhaltungszuchtprogramme für in freier Wildbahn ausgerottete oder von der Ausrottung bedrohte Spezies und unterstützt Wiederansiedlungsprojekte. Er verzeichnet jährlich mehr als eine Million Besucherinnen und Besucher.

43 Tradition und Touristen
Der Nürnberger Christkindlesmarkt

Wenn die Lichter verlöschen, die Menschen verstummen und ein lebendiger Rauschgoldengel erscheint, dann ist es wieder so weit: Der Christkindlesmarkt ist eröffnet. Der Nürnberger Budenzauber zwischen Brauchtum und Moderne bietet in der Vorweihnachtszeit jede Menge für Auge, Ohr und Gaumen.

Christbaumschmuck und Krippen, Rauschgoldengel und Zwetschgenmännle, dazu jede Menge Kunsthandwerk: Der Nürnberger Christkindlesmarkt ist das Weihnachtsevent schlechthin. Jahr für Jahr lockt er Touristen in großer Zahl an. Gilt das Nürnberger „Städtlein aus Holz und Tuch" doch als einer der ältesten Weihnachtsmärkte in Deutschland und hat ein weltweit einzigartiges Renommee.

Gegen den Hunger wird hier neben den traditionellen Bratwürsten, Lebkuchen und Früchtekuchen einiges geboten, dazu Heißgetränke wie Kinderpunsch und Glühwein. Der seit über 40 Jahren ausgeschenkte Original Nürnberger Glühwein darf übrigens nur als solcher bezeichnet werden, wenn er in Weinkellereien innerhalb der Stadtgrenze produziert wurde.

Dabei geht die Stadt als Veranstalterin mit der Zeit: Glühweinbecher und Geschirr sind längt in Mehrwegverwendung, Plastikgirlanden sind ebenso unerwünscht wie Weihnachtsgedudel vom Band. Stattdessen erklingen Posaunen, singen Chöre – und spricht das Nürnberger Christkind seinen berühmten Prolog.

Denn wenn am Freitag vor dem ersten Advent abends um halb sechs mit einem Mal alle Lichter auf dem Hauptmarkt erlöschen, erscheint auf der Empore der Frauenkirche das Nürnberger Christkind im Gewand eines Rauschgoldengels und eröffnet den Markt mit feierlichen Worten. Wenn im Anschluss die Kirchenglocken läuten, wissen alle: Die Vorweihnachtszeit ist gekommen.

Zwar geht die Figur des lebendigen Rauschgoldengels auf die Zeit des Nationalsozialismus zurück, sie ist aber eine Erfindung, die heute noch Kinderaugen leuchten lässt. Bei der Wiedereinführung des Christkindlesmarktes nach dem Krieg behielt man sie bei und besetzte die Rolle mit einer Schauspielerin. Seit 1969 wird das Christkind alle zwei Jahre aus einer Gruppe junger Bewerberinnen ausgewählt.

Voraussetzung ist, dass diese zwischen 16 und 19 Jahre alt sind und seit Längerem in Nürnberg leben. Die Haarfarbe spielt keine Rolle, trägt das Nürnberger Christkind doch eine blond gelockte Perücke unter seiner Krone. Bis Heiligabend absolviert es weit über 100 Termine – neben Fernsehauftritten und Interviews vor allem Besuche in Altenheimen, Kindergärten, Krankenhäusern und Behinderteneinrichtungen.

Die Spuren des Christkindlesmarktes selbst lassen sich bis ins 16. Jahrhundert zurückverfolgen, vermutet wird ein Zusammenhang mit der Reformation, ließen Luther und seine Anhänger ihre Kinder doch statt vom heiligen Nikolaus fortan vom heiligen Christkind bescheren.

Nürnberg im vorweihnachtlichen Lichterglanz: im Zentrum der Christkindlesmarkt, links davon die Frauenkirche, von der aus das Christkind seinen Prolog spricht.

Der älteste schriftliche Nachweis findet sich jedoch erst auf der Unterseite einer Schachtel („Kindles Marck") aus dem 17. Jahrhundert, die heute im Germanischen Nationalmuseum zu sehen ist. Eine gedruckte Nürnberger Stadtgeschichte nennt dann 1697 konkret den „Christkeindleinsmarck".

Zweihundert Jahre hatte dieser auf dem heutigen Hauptmarkt seinen Platz, bis er Ende des 19. Jahrhunderts auf die Insel Schütt verlegt wurde. 1933 kehrte er auf seinen angestammten Platz zurück, wurde nach dem Krieg 1945 erst in einer abgespeckten Version in Gostenhof und seit 1948 wieder auf dem Hauptmarkt abgehalten. Nach den coronabedingten Absagen 2020 und 2021 fanden 2022 bereits wieder rund zwei Millionen Gäste den Weg zum Christkindlesmarkt.

Dieser bietet heute neben Buden und Christkind noch allerhand mehr, darunter Glühweintouren in einer historischen Straßenbahn und Nostalgie-Fahrten mit einer Postkutsche (Nachbau eines Eilpostwagens aus dem Jahr 1874). Hinter dem Rathaus findet bereits seit 1986 ein Markt der Partnerstädte mit Spezialitäten und Handgearbeitetem aus aller Welt statt, und auf dem nahe gelegenen Hans-Sachs-Platz wird seit 1999 alljährlich die Nürnberger Kinderweihnacht gefeiert. Deren Highlight: ein hölzernes Karussell (einem historischen Dampfkarussell nachempfunden) über zwei Etagen. Im angrenzenden Heilig-Geist-Spital bietet das Sternenhaus ein Kinderkulturprogramm. Und zwischen den Fleischbänken lockt die nach eigenen Angaben größte Feuerzangenbowle der Welt.

44 Lebzelter und Zeidler
Exportschlager (Elisen-)Lebkuchen

Einst trieb das Zusammenwirken von Honiglieferanten und Gewürzhändlern die Spezialisierung im Bäckerhandwerk der Stadt voran. Eine Entwicklung, die Nürnberg den Ruf der Lebkuchen-Stadt einbrachte – und sich bis heute in der Nürnberger Luft bemerkbar macht.

Bereits im Frühjahr liegt über manchen Vierteln Nürnbergs der Geruch von Weihnachtsbäckerei. Denn schon dann beginnt die Produktion des Gebäcks, das bei Einheimischen wie Auswärtigen gleichermaßen geschätzt wird. Nürnberger Lebkuchen (nürnbergisch „Lebkoung") sind jedoch nicht erst in neuerer Zeit ein Exportschlager geworden. Das Backen der süßen Köstlichkeiten durch sogenannte Lebzelter oder Lebküchner und der Versand durch Nürnberger „Pfeffersäcke" sind eine jahrhundertealte Tradition. Die Lage der Stadt als Knotenpunkt alter Salz- und Handelsstraßen sicherte zum einen die Versorgung mit den notwendigen Gewürzen des Orients, auch Spezereien genannt, und gewährleistete zum anderen den Vertrieb via Fernhandel.

Erstmals urkundlich erwähnt wird ein Nürnberger Lebküchner im Jahre 1395. Um ein solcher werden zu können, musste man in eine Lebküchnerfamilie hineingeboren werden oder einheiraten. Den Vertretern dieses Gewerbes war es bei Strafe verboten, die Stadt zu verlassen, denn die genaue Zusammenstellung der Zutaten für die süße (und nicht billige) Köstlichkeit wurde streng gehütet. Bekannt war nur, dass Gewürze wie Kardamom, Zimt, Muskat, Ingwer, Anis, Nelken und Koriander verbacken wurden. Und natürlich als Süßungsmittel Honig.

Denn ein weiterer wichtiger Faktor war die örtliche Bienenzucht, das sogenannte Zeidlerwesen. Bereits 1350 war den Nürnberger Zeidlern von Kaiser Karl IV. das Schürfrecht für Honig, das „süße Gold", verbrieft worden. Honig war bis in die frühe Neuzeit ein unter anderem für Backzwecke beliebtes Süßungsmittel, galt Zucker doch als Luxusprodukt. Der Lorenzer Reichswald wurde damals auch als „des Heiligen Römischen Reiches Bienengarten" bezeichnet.

Es dauerte zwar bis 1643, bis der Nürnberger Rat den Lebküchnern eine eigene Handwerksordnung gewährte. Doch nicht erst seitdem pflegten die Lebzelter sich von anderen Bäckern abzugrenzen. So kam es 1808 sogar zum „Lebkuchenkrieg": Die Zuckerbäcker der Stadt (Jahrzehnte zuvor war die Rübe als Zuckerquelle erkannt worden) forderten ein Verbot der Herstellung der weißen Lebkuchen durch die Lebküchner, da diesen nur der Einsatz von Honig und Sirup gestattet war, nicht aber von Zuckerglasur. Am Ende wurde König Max I. Joseph persönlich angerufen – und entschied zugunsten der Lebküchner, die weiterhin ihre gemischten Lebkuchen anbieten konnten. Mit der Einführung einer Dampfmaschine setzte dann 1840 der Prozess der industriellen Lebkuchen-Fertigung ein.

So darf man sich das Backen in früheren Zeiten vorstellen: Blick in eine historische Backstube der Firma Lebkuchen Schmidt.

Rohstoffmangel und das Verbot von Luxusbackwerk während des Ersten Weltkriegs ließen die Produktion zeitweilig zum Erliegen kommen, die Bombardements des Zweiten Weltkriegs zerstörten dann die meisten Fabriken. Doch in beiden Fällen nahmen die eingesessenen Firmen ihre Arbeit rasch wieder auf. Seit 1996 sind „Nürnberger Lebkuchen" ein EU-weit geschützter Begriff und müssen als solche auf dem Gebiet der Stadt Nürnberg hergestellt werden. Heute produzieren noch mehrere namhafte Unternehmen echte Nürnberger Lebkuchen, daneben existieren kleine Betriebe, die in der Herstellung auf traditionelles Handwerk setzen.

Zu dessen Erzeugnissen zählen auch die als besonders hochwertig geltenden Elisen-Lebkuchen. Dies runde Oblaten-Gebäck darf nicht mehr als zehn Prozent Mehl und muss neben den bekannten Gewürzen mindestens 25 Prozent Mandeln, Haselnüsse oder Walnüsse enthalten. Die Legende sagt, dass der erste Elisen-Lebkuchen auf einen Nürnberger Lebküchner zurückgeht, dessen Tochter schwer erkrankte. Da Lebkuchen seinerzeit als Arzneimittel galten (die positiven Effekte von unter anderem Zimt und Nelke auf die Verdauung waren seit dem Mittelalter bekannt), buk der Vater unter Verzicht auf Mehl und unter Verwendung nur der besten Gewürze ein ganz besonderes Backwerk – und die Tochter wurde gesund. Ihr Name: Elisabeth.

45 Mit Kraut oder als Drei im Weggla
Die kleinste Bratwurst der Welt

Sie sind neben den Lebkuchen Nürnbergs kulinarischer Exportschlager: Nürnberger Rostbratwürste. Seit 2003 ein von der EU geografisch geschütztes Produkt, haben sie eine jahrhundertealte Tradition. Genauso die Nürnberger Bratwurstküchen, von denen jedoch nicht alle nach 1945 wiederauferstanden.

Die Nürnberger Bratwurst ist klein, etwa sieben bis neun Zentimeter lang, und wiegt roh nur 20 bis 25 Gramm. 1998 wurde der Schutzverband Nürnberger Rostbratwürste e.V. gegründet. Nur was auf Nürnberger Stadtgebiet produziert wird und aus Schweinefleisch im Schafsaitling (= Darm) besteht, darf sich seit 2003 EU-weit original Nürnberger Rostbratwurst nennen. Über drei Millionen der schlanken Würstchen werden täglich hergestellt. Grundzutaten neben dem Schweinefleisch sind Salz, Pfeffer und Majoran.

Belegt sind Bratwürste (von althochdeutsch „brato“: Fleisch ohne Speck und Knochen) in Nürnberg schon seit dem 14. Jahrhundert, dazu das Amt des Fleischbeschauers, der tatsächlich die Dienstbezeichnung „Würstlein“ trug. Zu der Größe der „kleinsten Rostbratwurst der Welt“ kamen die hiesigen Bratwürste im späten 16. Jahrhundert. Zwar erzählt die Legende, die Nürnberger hätten ihre Würstchen so klein gemacht, um sie hungrigen Reisenden, die nach Torschluss eintrafen, durch die Schlüssellöcher verkaufen zu können. In Wirklichkeit waren aber wohl sinkende Preise der Grund für die Idee der Metzger, die Würstchen kleiner zu machen, um nicht an der Qualität sparen zu müssen.

Die kleinen „Nürnberger“ wurden rasch Merkmal örtlicher Wirtschaften und Garküchen – so auch des „Bratwurst Glöckleins“ (am heutigen Sebalder Platz) und des „Bratwurstherzles“ (ehemalige Herzgasse südlich des Obstmarktes). Beide Traditionshäuser überstanden jedoch die Bomberangriffe des Zweiten Weltkriegs nicht und wurden nicht wieder aufgebaut. Von Bomben verschont geblieben ist immerhin das Gasthaus „Zum gulden Stern“ in der Zirkelschmiedgasse, in dem jahrhundertelang eine Garküche betrieben worden war. Erstmals 1419 erwähnt, darf es sich daher heute Nürnbergs älteste historische Bratwurstküche nennen.

Nach dem Krieg folgten zahlreiche Betriebe der Tradition mit dem „Wöschdla“ (nürnbergisch für Würstchen) im Namen, darunter das „Bratwursthäusle“ (in der alten Hauptwache gegenüber dem Rathaus), das „Bratwurst Röslein“ am Rathausplatz sowie das (neue) „Bratwurstglöcklein“ im Handwerkerhof. In ihnen erhält man die traditionell über dem offenen Buchenholzfeuer gegrillten Nürnberger noch wie althergebracht auf Zinntellern serviert.

Aber egal ob am Tiergärtnertor oder am Hauptmarkt, in der Karolinen- oder der Königstraße: „Drei im Weggla“ (also drei Nürnberger Rostbratwürste in der Semmel) zum Mitnehmen sind in Nürnberg an vielen Orten zu haben. Am

Die älteste Nürnberger Bratwurstküche in der Zirkelschmiedgasse wurde bereits 1419 erwähnt, 1639 erstmals unter dem Namen „Zum gulden Stern“.

sogenannten Schlemmereck (Lorenzer Altstadt, Krebsgasse Ecke Brunnengasse) gibt es sogar einen Straßenverkauf aus einer riesigen Bratwurstdose heraus.

Darüber hinaus sind sechs oder mehr mit Kraut oder Kartoffelsalat sowie Senf oder Kren (Meerrettich) auf der Speisekarte so ziemlich jedes fränkischen Gasthauses im Stadtgebiet zu finden – alternativ auch als „Blaue Zipfel“ mit Zwiebeln im Essigsud. Und wem das noch nicht genug der Bratwurst ist, der kann sich auf deren historische Spuren begeben: mittels kulinarischer Stadtrundgänge oder dank des 2021 eröffneten Bratwurstmuseums in der Bratwurstgasse (am Trödelmarkt).

Aber natürlich hat Nürnberg in Sachen Speisen noch weit mehr zu bieten, vom Guide-Michelin-Zwei-Sterne-Restaurant wie dem „Essigbrätlein“ am Weinmarkt bis zum wortwörtlichen Essen auf Rädern. So gilt der Nürnberger Foodtruck „Ribwich“, der 2010 aus der Taufe gehoben wurde, als erster Foodtruck Deutschlands und die Stadt als Mekka der fahrbaren Imbisse. Und noch ein kulinarisches Kuriosum gibt es in der Stadt, in der seit den 1950er-Jahren jedes Kind außer mit der Bratwurst mit den Laugenbrezen der lokalen Traditionsfirma „Brezen Kolb“ aufgewachsen ist: Seit 2014 existiert in der Ostendstraße (Stadtteil Mögeldorf) der erste Brezen-Drive-in Deutschlands.

46 Automatisiert und fahrerlos
Unterwegs mit U-Bahn und Tram

Wo einst Pferdebahnen die Menschen durch die Stadt transportierten, sind heute für die Reise durch den Untergrund nicht einmal mehr Fahrer nötig. Nürnberg ging in Sachen öffentlicher Personennahverkehr mit der Zeit – und ist dank diesem auch eng mit seinen Nachbarstädten verknüpft.

Die Stadt entschloss sich 1965, nachdem zeitweilig die Einführung einer Unterpflasterbahn in Planung gewesen war, zum Bau eines richtigen U-Bahn-Systems. Zwei Jahre später starteten hierfür die Baumaßnahmen in der Rangierbahnhof-Siedlung (Südöstliche Außenstadt). 1972 ging die erste U-Bahn-Linie mit den „Pegnitzpfeilen" auf etwas über drei Kilometern in Betrieb, sechs Jahre später konnten Fahrgäste von der Trabantenstadt Langwasser im Südosten aus bereits den Hauptbahnhof und die Station Weißer Turm erreichen. 1979 startete der Bau einer zweiten U-Bahn-Linie.

Einen besonderen Fortschritt brachte das Jahr 1985: Von da an verband die U1 Nürnberg mit dem Fürther Hauptbahnhof. Die Nachbarstadt Fürth wurde damit zur (bis heute) kleinsten U-Bahn-Stadt Deutschlands. Der Anschluss des Nürnberger Flughafens an das U-Bahn-Netz erfolgte 1999. Dann das große Wagnis: 2003 begannen in der Nordstadt nicht nur die Bauarbeiten für eine dritte U-Bahn-Linie, diese ging 2008 auch mit vollautomatisierten Zügen in Betrieb – also ohne Fahrer. Einmalig in Deutschland und seitdem tagtäglich die Gelegenheit, während der Fahrt die Geheimnisse der dunklen U-Bahn-Schächte durch das Frontfenster zu entschlüsseln.

Zu diesem Zeitpunkt blickte man in Nürnberg bereits auf eine über 125-jährige Geschichte des öffentlichen Nahverkehrs zurück. 1881 waren die Bürger in Scharen Spalier gestanden, als die erste Pferdebahn mit rund 10 Stundenkilometern vom einstigen Centralbahnhof Richtung Plärrer fuhr, die Konzession hierfür hatte ein Kaufmann aus Bremen erworben. Haltestellen wurden erst nach und nach eingerichtet. 1896 erprobte man erfolgreich den elektrischen Betrieb, nur zwei Jahre später waren alle Strecken elektrifiziert.

Nach dem Ersten Weltkrieg fiel der Startschuss für erste Omnibusse – sogenannte Kraftwagenlinien –, welche in Nürnberg anfangs vor allem die neu eingemeindeten Vororte mit der Stadt verbanden. 1929 zählte der kommunale Verkehrsbetrieb bereits 60 Busse. Nachdem im Bombenkrieg nahezu alle Leitungen und Betriebshöfe zerstört worden waren, wurde 1948 der erste elektrisch via Oberleitung betriebene Omnibus in Betrieb genommen. Dieser „O-Bus"-Verkehr wurde aber 1962 wieder eingestellt.

Die Straßenbahnen (nürnbergisch „Straßaboh" oder einfach „Tram", aber mit fränkisch rollendem „R") fuhren bis 1980 durch die Altstadt, was durch die U-Bahn aber obsolet wurde. Übrigens weist Nürnberg ein museales Historisches Straßen-

Der Plärrer mit dem um 1900 errichteten Wartehäuschen der Straßenbahn (Foto von 1920).

bahndepot mit zahleichen originalen Wagen auf. An dessen Öffnungstagen sind zudem Stadtrundfahrten um die Altstadt herum mit einer historischen Burgringlinie möglich.

Heute bietet die VAG Nürnberg (Verkehrs-Aktiengesellschaft, gegründet 1959) rund 2.000 Arbeitsplätze, und ihre „Flotte" besteht aus fast 400 eigenen Bussen (die bis zum Jahr 2030 komplett auf Elektromobilität umgestellt werden sollen), Straßen- und U-Bahnen. Doch es gibt auch Klagen: Das Ticketsystem gilt als hoffnungslos kompliziert. Immer wieder kommt es auch zu Forderungen nach Reaktivierung der einen oder anderen Straßenbahnlinie, so zum Beispiel der alten Tramstrecke durch die Altstadt.

Schon Ende der 1990er-Jahre wurde die (seinerzeit nicht neue) Idee einer Stadtumlandbahn (StUB) aufgegriffen. In der Folgezeit wurde beschlossen, die Straßenbahnlinie 4 von ihrer Endhaltestelle bis ins rund 15 Kilometer nördlich von Nürnberg gelegene Erlangen zu verlängern, um Anreize zum Autoverzicht zu bieten und unter anderem beide Hochschulstandorte der Friedrich-Alexander-Universität besser miteinander zu verbinden. Seit 2016 führt die Linie 4 bereits bis zur Station Am Wegfeld (Nordwestliche Außenstadt).

47 Geliebter Depp
Der Club und seine Fans

Der 1. FCN ist eine Institution in Nürnberg – doch eine, die ihre Fans leiden lässt. Jahrzehntelang Rekordmeister, ist der „Club" heute vor allem als Fahrstuhlmannschaft bekannt. Doch die Nürnberger lieben ihren Verein und ihre Idole umso inniger – was nicht nur für den Fußball gilt.

Den im Jahr 1900 gegründeten 1. FC Nürnberg kennt jedes Kind: Der Club (nürnbergisch „der Glubb") ist ein Traditionsverein – doch einer, dessen goldene Ära lang zurückliegt. So dürfte nur noch unter Kennern bekannt sein, dass der FCN mal eine Vormacht des deutschen Fußballs war: Zwischen 1920 und 1927 holte er fünf Deutsche Meisterschaften. Einer der Helden dieser Zeit: Torhüter Heinrich „Heiner" Stuhlfauth, der in allen fünf Endspielen ohne Gegentor blieb!

Der ganz Große des Club aber war Max Morlock, mit ihm konnte 1948 die erste gesamtdeutsche Meisterschaft nach dem Krieg in Nürnberg gefeiert werden. Mit seiner Bodenständigkeit war der Weltmeister von 1954 – als Schütze des ersten deutschen Tores im Finale gegen Ungarn – eine Art Uwe Seeler Nürnbergs. Unter anderem dank ihm waren die Nürnberger über Jahrzehnte mit neun Meistertiteln deutscher Rekordmeister, bis 1987 der FC Bayern München sie als solcher ablöste.

Doch wer Club-Fan ist, muss leidensfähig sein. Oder wie die Fans sagen: „Der Glubb is a Depp." Hält der 1. FCN doch auch einige zweifelhafte Rekorde. So ist er der einzige Verein in der Geschichte der Fußball-Bundesliga, der nach einem Meistertitel (1968) im Jahr darauf abstieg. 2008 gelang ihm dann das gleiche Abstiegs-Kunststück auch als amtierendem DFB-Pokalsieger. Einzigartig eben. Und 2019 erwarb man sich mit neun Abstiegen aus der ersten Bundesliga den Titel des Rekord-Absteigers.

Aber ein Leitspruch der sogenannten Clubberer lautet auch: „Ich bereue diese Liebe nicht." Denn der 1. FCN war und ist bis heute bei allem Drama, das er seinen Fans zumutet, ein starkes Identifikationsobjekt der Stadt, die sich mit ihrer Region immer ein wenig im Schatten der bayerischen Hauptstadt München (und des FC Bayern) sah und sieht. Deutsche Nationalspieler wie Stefan Reuther (Weltmeister 1990), Andreas Köpke (Europameister 1996) und zuletzt Ilkay Gündogan kickten mehrere Jahre beim Club (Lothar Matthäus, der wohl berühmteste fränkische Kicker aus dem nahen Herzogenaurach, hingegen nie).

Das Stadion, in dem der 1. FCN seine Heimspiele austrägt, geht auf einen Bau der späten 1920er-Jahre zurück, als die Stadt nahe dem Dutzendteich eine Volkssportstätte für Fußball und Leichtathletik nebst Freizeitareal und Stadionbad schuf. Im Jahr seiner Eröffnung als schönstes Stadion der Welt gerühmt, erfolgten mit Gründung der Bundesliga 1963, Ende der 1980er-Jahre und ab 2003 (für die Heim-WM 2006) mehrere Umbauten. Heute fasst die 2017 in

Das Max-Morlock-Stadion steht für Fußball. Aber nicht nur. Das Achteck überzeugt darüber hinaus als vielseitige Location für Business Events und kann von Unternehmen gebucht werden.

Max-Morlock-Stadion umgetaufte Fußballarena rund 50.000 Zuschauer.

Neben den Herren ist übrigens auch die Damen-Mannschaft des 1. FCN im Fußball erfolgreich. Eine eigene Macht waren die Club-Frauen zudem für Jahrzehnte im Handball: Dreizehn Deutsche Meisterschaften, zwei Pokalsiege und der Europapokalsieg 2004 stehen hier zu Buche.

Woran man sieht: König Fußball ist nicht alles – auch in Nürnberg nicht. So steht dem Max-Morlock-Stadion direkt gegenüber die 2001 eröffnete Arena Nürnberger Versicherung, in der zahlreiche Sportveranstaltungen stattfinden. Allen voran tragen die Nürnberg Ice Tigers hier ihre Heimspiele in der Deutschen Eishockey Liga (DEL) aus, der sie als Gründungsmitglied seit 1994 durchgehend angehören.

Und es geht auch ohne Eis: Mit der HGN und dem NHTC spielen gleich zwei Nürnberger Hockey-Vereine (bei den Damen wie den Herren) höchst erfolgreich. Die Ringer der Nürnberg Grizzlys brachten in der jüngeren Vergangenheit mehrere deutsche Meister hervor. Und der Tanzsportclub Rot-Gold-Casino Nürnberg durfte 2022 die Vizeeuropameisterschaft feiern. Sportlich erfolgreich ist Nürnberg unter anderem auch im Basketball, Faustball, Tennis, American Football, Wasserball, Taekwondo und Eisstockschießen.

48 Stetiger Aufstieg
Die Entwicklung des Flugbetriebs

Nach seiner Eröffnung ging es für den Airport Nürnberg überwiegend aufwärts. Steigende Fluggastzahlen, Ausbauten und Erweiterungen sowie direkter Anschluss an die U-Bahn haben den zweitgrößten Flughafen Bayerns in die Moderne geführt. Was die wenigsten wissen: Es gab in der Geschichte bereits zwei Vorgänger.

Die Zeiten, in denen Reisende nach Nürnberg in Kutschen über holprige Straßen rumpelten, sind lange vorbei. Heute kommt man mit dem Auto, mit dem Zug, mit dem Touristenschiff via Kanal – oder natürlich mit dem Flugzeug. Im letzteren Fall wird man gleich vom berühmtesten Kind der Stadt begrüßt: Seit 2014 trägt der Nürnberger Flughafen den Namen „Albrecht Dürer Airport".

Bis es so weit war, hat Nürnbergs Luftfahrt jedoch noch so manche Schleife gedreht. 1919 war ein alter Militärflughafen nordwestlich von Fürth als erster in Nordbayern für den zivilen Flugverkehr freigeräumt worden. Doch auch wenn er seit 1928 den Namen „Flughafen Nürnberg-Fürth" führte, waren längst Planungen für einen neuen Landeplatz im Gang, entsprach das zwölf Kilometer vom Nürnberger Stadtzentrum entfernte Gelände doch nicht mehr den wachsenden Anforderungen der zivilen Luftfahrt.

So feierte man 1933 die Einweihung eines neuen Flughafens am Marienberg, des ersten auf Nürnberger Stadtgebiet, während der Flugplatz bei Fürth wieder als Fliegerhorst diente. Zu Kriegsbeginn wurde dann auch der neue Flughafen Nürnberg vollständig den Bedürfnissen der Reichsluftwaffe unterstellt. 1943 durch alliierte Bomber nahezu völlig zerstört, besetzte ihn zu Kriegsende die US-Armee.

Auf der Suche nach einem neuen Areal landete man rund sechs Kilometer nördlich des Stadtzentrums auf den Äckern des Knoblauchslandes bei Kraftshof. Zehn Jahre nach Kriegsende wurde der neue Verkehrsflughafen eröffnet, seither der zweitgrößte in Bayern. Auf dem alten Gelände am Marienberg zogen in den folgenden Jahren unter anderem Schrebergärten, die KFZ-Zulassungsstelle und der Servicebetrieb öffentlicher Raum ein.

Nach Startschwierigkeiten nahmen die ersten großen Luftfahrtunternehmen wie Lufthansa und KLM den Linienverkehr von und nach Nürnberg auf. 1960 wurden erstmals über 100.000 Fluggäste gezählt, und ein Ausbau des Flughafens wurde aufgrund des anziehenden Flugtourismus und der immer größeren und schnelleren Flugzeugtypen unumgänglich.

Bis 1964 verdoppelten sich die Passagierzahlen. 1970 landete der erste Jumbojet und wurde bereits die Marke von einer halben Million Fluggäste erreicht. Der Anteil der Pauschalreisenden stieg stetig. Die 80er-Jahre brachten eine neue Zuschauerterrasse und ein Flughafenrestaurant. 1986 landete erstmals eine Concorde. Nun zählte man schon über eine Million Passagiere.

Der 1955 eröffnete internationale Flughafen Nürnberg heißt seit 2014 Albrecht-Dürer-Airport.

Das brachte jedoch auch steigende Belastungen für die Bewohner umliegender Stadtteile mit sich. 1988 wurde ein Nachtflugverbot (mit Ausnahmen) erlassen, auf das zehn Jahre später eine neue (2006 unbefristet verlängerte) Nachtflugregelung folgte. Die 90er- und Nullerjahre brachten weitere Um- und Ausbauten mit sich, wie eine weitere Abflughalle, neue Parkhäuser und Erweiterungen des Flugvorfeldes. 1999 erhielt der Flughafen seine direkte Anbindung an die U-Bahn.

Größere Katastrophen gab es in der Nürnberger Flughafengeschichte zum Glück nie, sieht man von der „Bauchlandung" einer DC-7 im Jahr 1961 und einem gebrochenen Bugrad einer Convair Metropolitan fünf Jahre später ab. 1975 stürzte ein Frachtflugzeug ab, 2001 ein Learjet in den angrenzenden Reichswald. 2020 und 2021 wirkten sich die Corona-Beschränkungen deutlich auf das Fluggastaufkommen aus.

Heute zählt der Albrecht-Dürer-Airport zu den zehn größten Flughäfen Deutschlands, 20 Fluggesellschaften fliegen ihn an. Sein Einzugsgebiet reicht weit über Nordbayern hinaus. Für die Messe und den Tourismus ist der Flughafen ebenso bedeutsam wie für die international tätigen Konzerne der Region. Zudem haben Hubschrauber der DRF Luftrettung hier ihren Standort.

Wer den Airport Nürnberg mal in Feierlaune erleben möchte, sollte ihn zum alle zwei Jahre im Juni stattfindenden Flughafenfest besuchen. Nur die seit 1994 angebotenen Rundflüge mit der historischen „Tante Ju" (JU52) über Nürnberg wurden 2019 leider eingestellt.

49 Von der Vielfalt zum „Cinemagnum“ Die Nürnberger Kinoszene

In den frühen Jahren des Kinos gab es in Nürnberg rund zwei Dutzend Lichtspielhäuser. Es folgte ein Auf und Ab von Schließungen, Neueröffnungen und Anpassungen an den Zeitgeist. Doch mag die Stadt heute auch keine Filmhochburg sein, so hat sie immerhin eines zu bieten: Deutschlands größtes Multiplexkino.

Um die Jahrhundertwende brachten erste Filmvorführungen auf dem Volksfest und im Varieté-Theater die Nürnberger zum Staunen, bald zogen feste Lichtspielhäuser wie das „Noris-Theater“ (Lorenzer Altstadt, heutige Buchhandlung Thalia) und das „Central-Theater“ (Sündersbühl) breite Gesellschaftsschichten an. 1920 zählte Nürnberg 27 Kinos, die ersten Filmpaläste kamen auf. So war der „Phoebus-Palast“ nahe dem Hauptbahnhof bei seiner Gründung 1927 mit über 2.000 Sitzplätzen das größte Kino Nordbayerns. Durch die Nationalsozialisten in „Ufa-Palast“ umbenannt, musste er erst Anfang der 70er-Jahre schließen.

Die Zeit des Fernsehens war angebrochen und der Trend ging zu kleinen Spielstätten mit Kneipencharakter, in denen die Besucher sich im Anschluss bei Bier und Snacks austauschen konnten. Manche Spielstätten wie der „Admiral-Palast“ (Königstraße) oder der „Atlantik-Palast“ (Karolinenstraße) suchten ihr Heil in Verkleinerungen (daher „Schachtelkinos“ genannt), andere, wie das „Central“, das „Delphi“ (Josephsplatz) oder das „AKI“ im Hauptbahnhof, nutzten die aufkommende Welle der Billigproduktion und Sexfilmchen.

1970 eröffneten die Gebrüder Weber, Betreiber eines mobilen Kinos, am Laufer Schlagturm mit der „Meisengeige“ die erste Programmkinokneipe. 1976 richteten sie im Hinterhaus eines Gebäudes am Kopernikusplatz mit dem „Casablanca“ (nach dem gleichnamigen Kultfilm) ihr zweites Kino ein. 1984 pachtete man auch den „Atrium Filmpalast“ (Galgenhof) und übernahm 1988 das „Kolibri-Kino“ am Stresemannplatz, das in „Metropolis“ (nach Fritz Langs Stummfilmklassiker) umbenannt wurde.

Als in den 90er-Jahren die Zeit der Multiplexkinos anbrach, dachte einer der Brüder, der Unternehmer Wolfgang Weber, in Größenordnungen, die bis dahin unvorstellbar schienen. Sein gigantisches Kinoprojekt nahe der Pegnitz, das „Cinecittà“, konnte sich bei seiner Eröffnung 1995 Deutschlands größtes Multiplexkino nennen. Es bot anfangs zehn, heute 23 überwiegend unterirdisch angelegte Kinosäle. 2001 kam ein IMAX-Kino-Bau hinzu, mit einem 35 Meter tief unter der Erde gelegenen Kinosaal mit 600 Quadratmeter großer 3D-Leinwand (heute „Cinemagnum“).

Das „Cine“ entwickelte sich rasch zum Zuschauermagneten weit über Nürnberg hinaus – was jedoch andere Kinos zu spüren bekamen. So mussten unter anderem 1996 das „Apollo“ und 1999 das „Atlantik“ dichtmachen, kam 2002 das Ende für

Das „Cinecittà", das 1995 an der Stelle der alten Landesgewerbeanstalt entstand, wurde nach dem legendären Filmproduktionsgelände bei Rom benannt.

das „Autokino Marienberg" und schloss 2008 das alteingesessene „Museum-Kino" gegenüber dem Opernhaus. 2015 folgte das jahrzehntelang in Familienbetrieb bestandene „Rio Kino" in Gostenhof, 2020 fiel das Fremdsprachenkino „Roxy" (Gartenstadt) Corona zum Opfer. Nur der „Admiral Filmpalast" konnte sich dank mehrfacher Veränderung (und einem Neubau 2000/01) neben dem „Cine" als kleineres Multiplex behaupten.

Als Wolfram Weber 2008 ankündigte, auch das „Atrium" und das „Casablanca" zu schließen, gründete sich für Letzteres ein Verein, der das „Casablanca"-Kino seit 2009 weiterführt. Noch heute ist es mit seiner Jugendstil-Optik neben „Meisengeige" und „Metropolis" ein Szenetreff mit besonderem Flair.

Daneben sorgt das kommunale Filmhauskino im Künstlerhaus K4 mit Retrospektiven, Kinder- und Fremdsprachenkino für Unterhaltung jenseits des Mainstreams. Wiederkehrende Filmevents wie das „Filmfestival Türkei Deutschland", das „Nuremberg International Human Rights Film Festival", die Stummfilmmusiktage und das „SommerNachtFilmFestival" bieten Abwechslung und Gelegenheit zum Diskurs.

Große Kinoproduktionen verirren sich für ihre Drehs überraschend selten in die Stadt. Wer dennoch ein bisschen Nürnberg-Flair im Film atmen möchte, dem seien das Kriegsdrama „Entscheidung vor Morgengrauen" (1951, mit Oskar Werner und Hildegard Knef, gedreht in der zerstörten Altstadt), der Trashfilm „Macho Man" (1985, mit Ex-Boxer René Weller und Kampfsportler Peter Althof) und die zauberhafte Tragikomödie „Dreiviertelmond" (2011, mit Elmar Wepper) ans Herz gelegt.

50 Garten dreier Städte
Das Knoblauchsland

Gemüseanbauregion und Lebensraum bedrohter Arten, Naherholungsgebiet und Kulturlandschaft: Das Knoblauchsland im Norden Nürnbergs, auch gern als dessen Gemüsegarten bezeichnet, ist ein historisch gewachsener Landstrich, der sich trotz Eingemeindung seinen eigenen Charakter bis heute bewahrt hat.

Es ist eines der größten zusammenhängenden Gemüseanbaugebiete Bayerns, ja Deutschlands. Ob Kartoffeln, Karotten oder Kraut, Spinat, Spargel oder Salate, Rettich, Radieschen oder Rosenkohl: kaum ein Gemüse, das (heute) nicht im Knoblauchsland angebaut wird. Auch Tabakfelder sind hier zu finden. Vom Mittelalter bis zur Gegenwart diente und dient das Gebiet als Lieferant für grüne Kost – nach dem Motto „Aus der Region für die Region".

Seit dem 15. Jahrhundert ist der Name „Knoblauchsland" schriftlich überliefert – eine wohl anfänglich scherzhaft gemeinte Bezeichnung für die (unter anderem) durch den Anbau von Zwiebeln und Knoblauch bekannt gewordene Gegend. Eingefasst wurde das gerodete Gebiet, ein Teil der sogenannten Alten Landschaft, im Süden durch die Stadt, im Westen von der Regnitz und im Norden und Osten vom Sebalder Reichswald.

Grundherr des Knoblauchslandes war der Burggraf von Nürnberg, bis dessen Rechte in der ersten Hälfte des 15. Jahrhunderts an die Stadt übergingen. In den Markgrafenkriegen und dem Dreißigjährigen Krieg verwüstet, diente das Knoblauchsland auch nach dem Übergang an Bayern weiterhin als „Garten dreier Städte" (Nürnberg, Fürth und Erlangen). Doch es verlor vor allem im Süden auch immer mehr an Fläche durch die zunehmende Ausdehnung der Stadt nach Norden sowie im 20. Jahrhundert durch den Bau der Flughäfen und Ausweisungen von Gewerbegebieten.

Heute umfasst das Knoblauchsland, das sich hauptsächlich links und rechts der Bundesstraße 4 von Nürnberg nach Erlangen erstreckt, etwa ein Gebiet von 4.000 Hektar. Knapp die Hälfte davon wird landwirtschaftlich genutzt, über 100 Hektar (vor allem im südlichen Teil) nehmen inzwischen Gewächshäuser ein. Letztere ermöglichen den Anbau von Fruchtgemüse wie Tomaten, Paprika und Auberginen, aber auch Ingwer, Erdbeeren und Sprossen. Dieser sogenannte Unterglasanbau wird jedoch auch kritisch gesehen, führt er doch zu mehr Bodenversiegelung und verändert maßgeblich das Landschaftsbild.

In den Betrieben ging man derweilen mit der Zeit: Wo früher Marktfrauen wie Margarethe Engelhardt die Ware mit Pferd und Wagen nach Nürnberg brachten (der „Marcharedd" wurde sogar ein Denkmal auf dem Hauptmarkt gesetzt), sieht man heute moderne Traktoren und mobile Förderbänder, mächtige Ernte- und Gemüsereinigungsmaschinen. Zudem sind die heutigen Vertriebswege

Der blühende Schnittlauch ist nicht nur eine optische Augenweide, sein Duft hängt auch oft über weiten Teilen des Knoblauchslandes.

vielschichtiger: Neben der Zulieferung an Wochenmärkte und Großmarkt, Einzelhandel und Discounter existieren Hofläden und Online-Shops.

Darüber hinaus fungiert das Knoblauchsland als Naherholungsgebiet für die Städter, als Lebensraum für bedrohte Tierarten und in den heißen Sommermonaten als wichtige grüne Schneise zum Transport kühlerer Luft in Richtung Stadt. Als Kulturlandschaft bietet es einzigartige Baudenkmäler, wie die mittelalterliche Wehrkirche in Kraftshof, ehemalige Patriziersitze in Neunhof und Großgründlach sowie den Irrhain im Kraftshofer Forst, in dem sich einst örtliche Dichter und Literaten des Pegnesischen Blumenordens trafen.

Mögen alle Ortschaften des Knoblauchslandes heute auch eingemeindet sein (hauptsächlich nach Nürnberg, ein Teil nach Fürth), so haben sie sich ihre ländliche Struktur doch erhalten. Im Gemüseanbau sind noch immer Familienbetriebe vorherrschend (teils genossenschaftlich verbunden), zur Erntezeit prägen ausländische Saisonkräfte das Bild auf den Feldern. Dazu werden dörfliche Traditionen gepflegt, mit Gesangvereinen und Freiwilliger Feuerwehr, teils regem Kirchengemeindeleben sowie individuellem Kirchweihbrauchtum. Wer mehr wissen, sehen und riechen will, dem sei der jährliche „Tag der offenen Tür“ Anfang Mai empfohlen.

51 Kunst und Kontroversen
Nürnberger Kessel und Blaue Nacht

Kunstakademie und Künstlerhaus, Kulturläden und Kommunikationszentrum: Nürnberg tut so einiges, um die regionale Künstlerszene zu unterstützen. Die Einrichtung einer autonomen Begegnungsstätte mündete allerdings einst in eine der größten Massenverhaftungen in der Geschichte der Bundesrepublik.

Die Förderung der Künste hat in der Stadt Albrecht Dürers seit Jahrhunderten besondere Tradition. Immer wieder trieben Initiativen die Gründung unterschiedlichster Zusammenschlüsse und Einrichtungen voran. So war Nürnberg bereits im Jahr 1662 Gründungsort der ersten (seinerzeit privaten) Kunstakademie im deutschsprachigen Raum.

1699 zur reichsstädtischen Akademie ernannt, erlebte das Kunstinstitut in den folgenden Jahrhunderten zahlreiche Umzüge, die Abwertung zur Kunstgewerbeschule und Wiederernennung zur Akademie der bildenden Künste. Heute werden in der seit 1954 auf einem eigenen Gelände nahe dem Tiergarten beheimateten Kunstakademie rund 300 Studierende unter anderem in Malerei und Bildhauerei, Gold- und Silberschmiedekunst, Grafik-Design, Kunstgeschichte und Architektur ausgebildet.

So mancher Kunstschaffende, der im 19. Jahrhundert aus der damaligen Akademie respektive Kunstgewerbeschule hervorging, trat in der Folgezeit Gemeinschaften wie dem 1818 gegründeten Albrecht-Dürer-Verein oder dem 1854 gebildeten Künstlerverein bei. Auf der Suche nach geeigneten Räumlichkeiten wurde für diese und andere Gruppierungen dann 1910 eine gemeinsame Einrichtung zwischen Königstor und Marientor erbaut: das Künstlerhaus.

In den folgenden rund hundert Jahren erlebte das Künstlerhaus eine wechselvolle Entwicklung. Was anfangs als Sitz diverser Zusammenschlüsse von Künstlern und Kunstinteressierten sowie der Städtischen Kunstsammlung fungierte, wurde in den 1930er-Jahren zum Heim für die SA und nach dem Krieg zum amerikanischen Club umfunktioniert. Erst in den 1960er-Jahren wurde es wieder seiner ursprünglichen Funktion zugeführt und diente als Hort für Kunstaustellungen. Bis Anfang der 1970er-Jahre mit dem Kommunikationszentrum (KOMM) eine selbstverwaltete Begegnungsstätte für Jugendliche einzog. Fortan sollte sich das KOMM zum Dorn im Fleisch der Stadtverwaltung entwickeln.

Unrühmlicher Höhepunkt mit deutschlandweitem Presseecho: eine Nacht im März 1981. Nach der Ausstrahlung einer Filmdokumentation über die Hausbesetzerszene zogen Aktivisten durch die Straßen, es kam zu Sachbeschädigungen. Nach der Rückkehr der Demonstranten ins KOMM wurde dieses von der Polizei für Stunden abgeriegelt. Im Anschluss wurden 164 junge Leute – darunter Minderjährige und solche, die sich für Kunstkurse oder Spieleabende im KOMM aufhielten – in Haft genommen. Der sogenannte Nürn-

Ein Highlight jeder Blauen Nacht ist die jeweils von unterschiedlichen Künstlern (hier Hombre SUK im Jahr 2023) illuminierte Kaiserburg.

berger Kessel ging als Polizeiskandal und „größte Massenverhaftung seit dem Ende des Dritten Reichs“ („Der Spiegel“) in die deutsche Geschichte ein.

1997 endete die Zeit des KOMM, an seine Stelle trat das Kulturzentrum K4 im inzwischen denkmalgeschützten und generalsanierten Künstlerhaus. Heute fungiert dieses als soziokulturelles Zentrum, vereint unter anderem Kunst und Fotografie, Kino und Literatur, Workshops und Ausstellungen, Tanz und Theater. Gemeinsam mit Kunsthalle (Marientor), Kunstvilla (Blumenstraße) und dem im Jahr 2000 eröffneten Neuen Museum (Klarissenplatz) bildet das K4 eine Kulturachse in der südöstlichen Innenstadt für zeitgenössische Kunst und kreative Szene. Und wer dort nicht hinkommt, für den bietet Nürnberg mit den Kulturläden in den Stadtteilen Kulturarbeit für alle.

Besonderer Höhepunkt im Kulturkalender ist heute aber die Blaue Nacht, die im Jahr 2000 zum 950. Stadtjubiläum ins Leben gerufen wurde. Anfänglich jährlich im Mai, seit 2023 im zweijährigen Turnus ausgerichtet, lockt die Großveranstaltung bis zu 150.000 Kunst- und Kultur-Liebhaber in die Innenstadt. Neben den zahlreichen geöffneten Einrichtungen sind in dieser langen Nacht zahlreiche Gebäude wie Kaiserburg, Rathaus und Stadtkirchen teils blau, teils farbenfroh illuminiert. Die Förderung der Künste wird in Nürnberg bis heute großgeschrieben.

52 Volks- und Stadtparks
Naherholung in Nord und Süd

Weiher und Teiche, Sportstätten und Spielplätze, vor allem aber viel Wiese und alter Baumbestand: Nürnberg bietet heute trotz teils dichter Industrie- und Wohnbebauung mehrere große Grünflächen als Naherholungsgebiete – allen voran den Stadtpark sowie die Volksparks Marienberg im Norden und Dutzendteich im Süden.

Parks sind in großen Städten mit ihrer dichten Bebauung wichtige grüne Zentren, sie verbessern die Luft, bieten Abkühlung im Sommer, dienen als Lebensraum für Vögel und Insekten und als Naherholungsgebiete für die Bürger. Als größte innerstädtische Grünanlagen stehen den Nürnbergern zwei Volksparks und ein Stadtpark zur Verfügung.

Letzterer, noch innerhalb des Rings nordwestlich der Altstadt gelegen, erfährt seit 2023 eine umfassende Neustrukturierung. Die rund 25 Fußballfelder große Grünanlage entwickelte sich Ende des 19. Jahrhunderts aus einer Landesausstellung, ist heute hoch frequentiert und bietet ein üppiges Portfolio aus Entspannung, Spiel und Körperkultur: Sportplätze und Sitzgelegenheiten, Blumenbeete, Weiher und Pergolen. Hervorzuheben sind auch der zentrale frühbarocke Neptunbrunnen sowie die Straße der Kinderrechte, die zugleich als Spiel- und Erfahrungsfeld für die Kleinen wie auch als Informationsstrecke für die Großen fungiert.

Die noch vor dem Stadtpark größte Grünanlage Nürnbergs ist jedoch der Marienbergpark, der mit satten 120 Hektar größer als die gesamte Sebalder Altstadt ist. Das ab 1959 aus dem ersten Nürnberger Flughafen hervorgegangene Areal im Stil eines englischen Landschaftsparks ist vor allem eine große Fläche ohne Schnickschnack, mit viel Baumbestand, Hundefreilauffläche, Trimm-dich-Pfad und Bolzplätzen. Im Sommer locken ein Wasserspielplatz die Kleinen und eine Minigolfanlage die Größeren, während im Winter der Marienbuck zum Rodeln und der (einst zur Eisgewinnung angelegte) Weiher zum Schlittschuhfahren einladen. Ein großer Grillplatz sorgt an warmen Wochenenden für reichlich Multikulti-Stimmung und ein Kiosk dient als Begegnungsort mit Eis und Getränken.

Was den Nordstädtern Stadt- und Marienbergpark, ist den Südstädtern der Volkspark Dutzendteich. Die heute aus großem und kleinem Dutzendteich sowie weiteren kleineren Gewässern bestehende Teichanlage wurde im 14. Jahrhundert künstlich angelegt. Bereits im 16. Jahrhundert (damals noch außerhalb der Stadt gelegen) als Ausflugsziel der Nürnberger belegt, nahmen in der zweiten Hälfte des 19. Jahrhunderts Ausschank, Feste und Konzerte zu, folgten der Bau einer Promenade, einer Badeanstalt, einer künstlichen Insel mit Leuchtturm und eines Tiergartens (die drei Letzteren existieren heute hier nicht mehr). Wo schon seinerzeit im Sommer in Booten mal entspannt, mal sportlich gerudert und im Winter Schlittschuh gefahren wurde,

Die Kopie des frühbarocken Neptunbrunnens (das Original wurde 1796 nach St. Petersburg verkauft) stand ab 1902 auf dem Hauptmarkt, musste 1934 weichen und bereichert seit 1962 den Stadtpark.

gehen die Nürnberger noch heute insbesondere an Wochenenden und Feiertagen fleißig spazieren, kitzeln ihre Gaumen in Cafés oder am Imbiss, umrunden auf Fahrrad und Inlineskates die Teiche und lassen sich in Tretbooten treiben. In Reichweite sind Kongresshalle und Dokuzentrum, Club-Stadion, Eishockey-Arena und Volksfestplatz.

Darüber hinaus besitzt Nürnberg natürlich noch zahlreiche weitere Grünanlagen, von denen an dieser Stelle nur noch zwei ans Herz gelegt seien. Da wäre zum einen der Rosenaupark unweit des Plärrers: Die frühere Bleiche ist heute eine kleine grüne Oase mit teils altem Baumbestand, Liegewiese, Spielplatz und Kioskcafé. Was einst Ort exklusiver großbürgerlicher Feste war, hat sich längst zum öffentlichen Hort einer multikulturellen Szene mit Pippi-Langstrumpf-Touch entwickelt.

Tief in der Südstadt lohnt sich zudem der Besuch des Hummelsteiner Parks, einer Grünfläche zwischen Arbeiterhäuschen, Gründerzeitvillen, 70er-Jahre-Wohnkomplexen und modernen Neubauten. Dieser Park lockt unter anderem mit dem zauberhaften Hummelsteiner Schlösschen, einer barocken Gartenanlage sowie dem angrenzenden großen Biergarten.

53 Barden, Rocker, Klassik-Fans
Hier spielt die Musik

Zweimal jährlich pilgern Musikfans aller Couleur auf das ehemalige Reichsparteitagsgelände mit der Zeppelinwiese und dem Luitpoldhain. Dorthin soll bald auch die Oper umziehen. Ein anderes musikalisches Prestigeprojekt verteilt sich hingegen einmal im Jahr über die gesamte Altstadt.

Es war das Jahr 1976, als Nürnberg den 400. Todestag des Meistersingers Hans Sachs beging. Aus diesem Anlass lobte die Stadt ein Liedermacher-Festival aus, moderiert von Thomas Gottschalk. Damals traten dann unter anderem die noch unbekannten Heinz Rudolf Kunze und Klaus Lage auf – das „Nürnberger Bardentreffen" war geboren. Während man vom Wettbewerb-Charakter rasch abkam, entwickelte sich das Festival in der Folgezeit zu „Europas größtem Musikantentreffen" („Süddeutsche Zeitung").

Längst lockt das Bardentreffen jährlich an einem Wochenende im späten Juli Profis und Amateure, Gruppen und Einzelinterpreten aus aller Herren Länder in die Frankenmetropole – und bietet Einheimischen und Gästen ein Open-Air-Klangvergnügen, das sich durch die ganze Altstadt erstreckt. Neben 90 Konzerten auf mehreren Bühnen sind jedoch die zahlreichen Straßenmusiker, die an diesen Tagen die Stadt bevölkern, die eigentliche Seele des Festivals. Und das Besondere: Alles ist kostenlos.

Mit „Eintritt frei" für Musik unter freiem Himmel hat die Stadt also gute Erfahrungen gemacht. Warum es nicht mal mit Klassik probieren? Das dachten sich wohl die Organisatoren des 950. Stadtjubiläums im Jahr 2000. Es war der Beginn einer Erfolgsgeschichte: des „Klassik Open Airs" im Luitpoldhain. Bis zu 75.000 Menschen pilgern inzwischen jährlich zu einem der beiden im Juli und August stattfindenden Konzerte auf der grünen Wiese, welche zum einen von der Staatsphilharmonie Nürnberg, zum anderen von den Nürnberger Symphonikern gegeben werden.

Mag es da auch oft voll sein, das Musikspektakel hat sich seinen einzigartigen Charakter bewahrt: So begegnen sich zu den Klängen prominenter klassischer Musikstücke und bekannter Filmsoundtracks Alt und Jung, hocken Opernkenner und Rockfans einträchtig zusammen. Den Abschluss des Auftaktkonzerts bildete die ersten Jahre ein auf die Musik abgestimmtes Feuerwerk, und seit 2013 ergänzt eine Familienvorführung die beiden Abendkonzerte.

Dabei ist der Spielort der Nürnberger Philharmoniker eigentlich das Opernhaus, in dem jährlich rund 150 Opern- und Ballettdarbietungen begleitet werden. 1905 südlich der Lorenzer Altstadt (Richard-Wagner-Platz) als Neues Stadttheater am Ring mit Elementen des Nürnberger Stils eröffnet, war es seinerzeit das teuerste Theatergebäude in Europa. Nach der Zerstörung des Zweiten Weltkriegs wurde es rekonstruiert und in der Folge mehrfach umgebaut, dabei hat es sich einen für Nürnberg besonderen Charme bewahrt.

Das 1905 an der Stelle des Alten Städtischen Krankenhauses eröffnete Neue Stadttheater am Ring wurde 1930 in Opernhaus umbenannt.

Aufgrund des maroden Inneren wurde eine Generalsanierung jedoch schon vor Jahren zunehmend dringender. Die Suche nach einem Ausweichquartier entwickelte sich seit Ende der 2010er-Jahre zum großen Aufreger. 2021 beschloss der Stadtrat gegen alle Proteste den übergangsweisen Umzug in die Kongresshalle auf dem ehemaligen Reichsparteitagsgelände.

In dieser sind die Nürnberger Symphoniker schon länger beheimatet. 1946 als Fränkisches Landesorchester gegründet, zogen sie 1963 dorthin um und geben dort heute (wie in der Meistersingerhalle) im Musiksaal und Serenadenhof ihre Konzerte.

Gleich um die Ecke zieht seit 1997 „Rock im Park" jedes Jahr nach Pfingsten für drei Tage über 70.000 Fans aufs Zeppelinfeld. Herbert Grönemeyer, die Fantastischen Vier oder die Toten Hosen standen hier schon ebenso auf der Bühne wie Bryan Adams, Bon Jovi, Metallica und die Red Hot Chili Peppers. Diese und weitere Klang-Events vom rockigen Brückenfestival (seit nunmehr über zwanzig Jahren immer im August unter der Theodor-Heuss-Brücke) bis hin zur traditionellen Internationalen Orgelwoche (seit 1951 jeden Sommer unter anderem in den Innenstadtkirchen, seit 2019 unter dem Namen Musikfest ION) beweisen: Musik ist in der Stadt der Meistersinger noch heute vielschichtig und an den wundersamsten Orten zu finden.

54 Spielwaren und Konsumgüter
Die Welt zu Gast im Messezentrum

Spielzeug und Hobby, Camping und Garten, Bio und Bier: Das Messezentrum lockt alljährlich weit über eine Million Gäste, viele davon aus dem Ausland. Die Zeiten der Besucherrekorde sind zwar vorbei, doch schon mit der Spielwarenmesse ist seit den 1950er-Jahren eine Veranstaltung von internationalem Rang hier beheimatet.

Die meisten Einheimischen (und nicht wenige Gäste) dürften schon einmal das Messezentrum besucht haben, sei es für eine der zahlreichen Veranstaltungen oder auch für eine dort 2021 oder 2022 vorgenommene Corona-Schutzimpfung. Gelegen zwischen Silberbuck und Langwasser und damit in der Nachbarschaft von Dutzendteich, Stadion und neuer Technischer Universität, ist das an Bienenwaben erinnernde Gelände ein stetiger Besuchermagnet.

Nur den Älteren bekannt sein dürfte, dass Nürnberg zuvor schon ein deutlich zentraler gelegenes Messegelände besaß: Die alte, in den Jahren 1952 und 1953 erbaute Messehalle befand sich gegenüber dem Stadtpark und damit noch innerhalb der Nürnberger Ringstraße. Dort, wo heute zwischen Berliner Platz und Olof-Palme-Platz, U-Bahnhof Schoppershof und Tempohaus das Berufsschulzentrum ist, spazierten bis in die frühen 1970er-Jahre Messebesucher von Stand zu Stand. Der alte Straßenname Am Messehaus erinnert noch daran.

1973 feierte fünf Kilometer südlich das neue Messezentrum Einweihung auf rund 60.000 Quadratmetern. Dazu war ein direkt vor seinen Toren gelegener U-Bahnhof eröffnet worden. Stetige Erweiterungen des Geländes ließen die Ausstellungsfläche in den folgenden fünfzig Jahren auf das Dreifache anwachsen. Damit zählt die Nürnberger Messe heute zu den fünfzehn größten Messeplätzen der Welt und lockt jährlich über 1,4 Millionen Besucher an.

Größtes Aushängeschild für sie wie für die Stadt ist dabei die internationale Spielwarenmesse, die seit 1950 alljährlich in Nürnberg stattfindet. Was einst mit 350 Ausstellern und rund 4.300 Fachbesuchern begann, wuchs bis 2020 auf über 2.800 Aussteller aus 70 Ländern und mehr als 62.000 Gäste aus aller Welt an. Rund eine Million Produkte, davon 120.000 Spieleneuheiten, wurden zuletzt auf der Spielwarenmesse präsentiert.

Passend zur Spielwarenmesse war zwei Jahre vor Eröffnung des neuen Messezentrums das Spielzeugmuseum in der Sebalder Altstadt eingeweiht worden. Dessen jüngster Partner ist das neue Haus des Spiels im historischen Pellerhaus am Egidienberg, das zudem das Deutsche Spielearchiv beherbergt.

Die Spielwarenmesse ist damit aber nicht die einzige Veranstaltung im Messezentrum Nürnberg, die einen direkten Bezug zur Stadtgeschichte aufweist. So ist die Stadt, die Ende des 19. Jahrhunderts Bayerns größter Bierexporteur war, auch Heimat der BrauBeviale, einer Fachmesse für die Getränkebranche mit Schwerpunkt

Auch nachts ein Hingucker: die Gebäude der Messe Nürnberg (hier die Halle 3A).

auf den Themen Bier und Brauerei. Seit 2004 wird auf dieser vom Verband der Privatbrauereien der European Beer Star Award vergeben.

Seit 1994 ist auch die BioFach in Nürnberg beheimatet, die Weltleitmesse für Bio-Lebensmittel, Bio-Getränke und andere Bio-Produkte. Daneben beschloss der Nürnberger Stadtrat 2003, den ökologischen Landbau und die Produktion von Bio-Artikeln zu stärken, und mit der „Bio erleben“ lädt alljährlich eine Freiluftmesse das Publikum auf den Hauptmarkt ein.

Im Messezentrum präsentieren sich darüber hinaus unter anderem internationale Fachausstellungen des Garten- und Landschaftsbaus (GaLaBau), der Fenster-, Tür- und Fassadenwirtschaft (Fensterbau Frontale), der Automatisierungstechnik (SPS) sowie der Haustierbranche (Interzoo). Naturgemäß mehr im Fokus der Öffentlichkeit aber stehen die großen Verbraucherschauen. Zu diesen zählt die seit 1966 stattfindende Freizeit-Messe, die sich der Themenvielfalt Garten, Outdoor und Sport wie auch Camping und Caravaning verschrieben hat und in der Vor-Corona-Zeit über 100.000 Besucher anlockte. Getoppt wird das nur noch von der 1952 ins Leben gerufenen Consumenta (ursprünglicher Name: Die Einkaufstasche): 1989 verzeichnete man mit 270.000 Gästen einen Besucherrekord, seitdem gingen die Zahlen jedoch wieder teils deutlich zurück. Gesundheit, Hobby und Genuss sind hier ebenso Themen wie Wohnen, Bauen und Haushalt.

55 Die Zukunft im Blick
Die Stadt als Hochschulstandort

Rund 150 Jahre blieb Bayerns zweitgrößte Stadt ohne Universität. Seit 1961 ist sie Zweitstandort für die Friedrich-Alexander-Universität Erlangen-Nürnberg. Weil das aber nicht jedermanns Ansprüchen genügte, erhielt Nürnberg jüngst eine neue Technische Uni. Dabei haben Hochschule und Technik in Nürnberg längst eine lange gemeinsame Tradition.

Wie kann es sein, dass fränkische Städte wie Würzburg, Bamberg und Bayreuth eigene staatliche Universitäten vorzuweisen haben, Bayerns zweitgrößte Stadt jedoch nicht? Was wohl manchem seit Langem ein Dorn im Auge war, wurde 2018 geändert: Das bayerische Kabinett beschloss die Gründung einer neuen Technischen Universität Nürnberg – die erste Neugründung einer staatlichen Universität in Bayern seit über 40 Jahren.

„Ingenieurwissenschaften mit anderen Themenfeldern der Gesellschaft vernetzen", so lautet die maßgebliche Vorgabe an der UTN (University of Technology Nuremberg) – unter anderem soll dies mittels digitaler Lernformen und der Unterrichtssprache Englisch geschehen. Als Standort für das Prestigeprojekt dient der eigens hierfür an der Bruneckerstraße im Süden Nürnbergs auf dem Gelände eines ehemaligen Güterbahnhofs errichtete Campus. Seit dem Beschluss wird in der Fachwelt diskutiert, ob die UTN eine Stärkung des Wissenschaftsstandortes Nürnberg oder doch eher eine unliebsame Konkurrenz für die etablierten örtlichen Einrichtungen ist.

Fakt ist nämlich, dass Nürnberg durchaus schon seine Hochschulen hat. Neben (unter anderem) der Musikhochschule sowie der nicht staatlichen Evangelischen Hochschule gibt es die Technische Hochschule Nürnberg (THN). Sie liegt am Prinzregentenufer und ging aus dem 1823 vom zweiten Bürgermeister Johannes Scharrer (Mitschöpfer der Ludwigs-Eisenbahn-Gesellschaft) gegründeten Städtischen Polytechnikum hervor. Seit 1983 trägt sie (wie schon 1933–1971) den Namen des Physikers Georg Simon Ohm, der bis Mitte des 19. Jahrhunderts als ihr Rektor gewirkt hat. Mit rund 13.000 Studierenden ist die Ohm-Hochschule heute eine der größten ihrer Art in Deutschland.

Zudem ist die Stadt mit der Friedrich-Alexander-Universität (FAU) längst Standort einer staatlichen Universität, die mit etwa 38.000 Studierenden und (unter Einbeziehung der Universitätsklinik) rund 15.000 Mitarbeitenden sogar Bayerns zweitgrößte Uni ist. Dass die Mehrzahl der Institute aber im fünfzehn Kilometer nördlich von Nürnberg gelegenen Erlangen beheimatet ist, ist historisch bedingt. 1743 in Bayreuth gegründet und dann nach Erlangen verlegt, wurde die FAU erst 1961 durch die Einbeziehung der 1919 gegründeten Nürnberger Handelshochschule um den Standort Nürnberg erweitert (heute Fachbereich Wirtschafts- und Sozialwissenschaften). 1971 folgte die Angliederung der Päda-

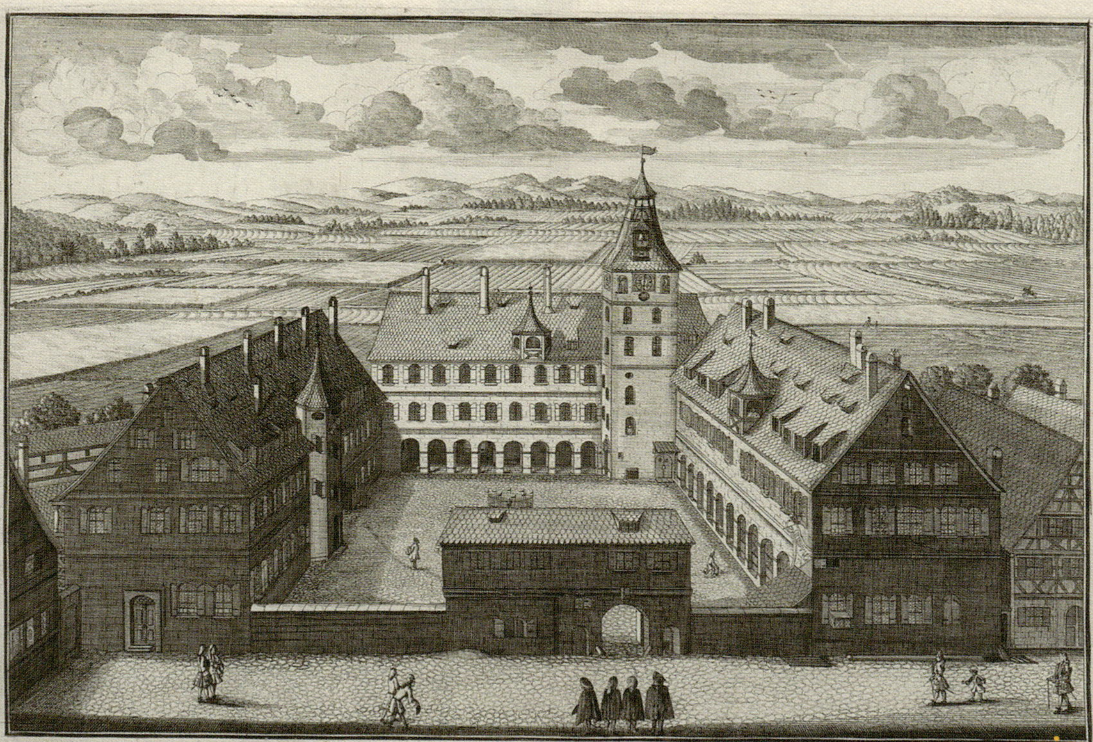

Ansicht der alten Nürnbergischen Universität zu Altdorf aus dem Jahr 1743.

gogischen Hochschule (heute Institut für Erziehungswissenschaft und Institut für Grundschulforschung).

Einst hatte Nürnberg mit der Altdorfina sogar eine von nur zwei reichsstädtischen Universitäten in Deutschland. 1575 im fünfundzwanzig Kilometer südöstlich von Nürnberg entfernten Pflegamt Altdorf als Hohe Schule gegründet, wurde sie 1623 zur Universität erhoben. Der Mathematiker Gottfried Wilhelm Leibniz studierte hier, ebenso der Komponist Johann Pachelbel, während der spätere Feldherr Wallenstein als hiesiger Musensohn weniger den Eindruck von Bildungshunger als vielmehr den der Gewalttätigkeit hinterließ. Nach ihrem allmählichen Niedergang seit der zweiten Hälfte des 17. Jahrhunderts wurde die Altdorfina 1809 von ihrem neuen Herrn, dem König von Bayern, aufgelöst. Man wollte nur eine protestantische Universität – und entschied sich für die in Erlangen.

Über 200 Jahre später hat Nürnberg also wieder eine ganz eigene staatliche Uni. Und noch eine weitere Neugründung der jüngsten Zeit soll dazu beitragen, dass sich die Stadt Hort von Wissenschaft und Technik nennen kann: das 2021 eröffnete Zukunftsmuseum. Die zentral in der Sebalder Altstadt gelegene Zweigstelle des Deutschen Museums München befasst sich mit der Frage nach der Technik kommender Zeiten – wie wir Menschen in zwanzig oder fünfzig Jahren leben werden (und wollen). Wer für die Zukunft gerüstet sein will, kann also (nicht nur fürs Studium) nach Nürnberg kommen.

Autor und Fotograf

Tim Sünderhauf und Thilo Bayer

Der Autor

Der gebürtige Erlanger Tim Sünderhauf absolvierte eine Ausbildung zum Buchhändler und studierte Geschichte und Germanistik. Beruflich startete er als freier Journalist und Stadtrundgangsleiter und wirkte als Autor unter anderem am Erlanger Stadtlexikon mit. Nach Stationen als Lektor in Nürnberg und Filmredakteur in Fürth wechselte er 2021 in die PR. Sünderhauf ist Mitglied mehrerer Vereine zur fränkischen Geschichte.

Der Fotograf

Der in Heilbronn geborene Thilo Bayer verbrachte seine Jugend in Baden-Württemberg, zog dann nach Gießen zum Ökonomie-Studium und ließ sich im Anschluss in Nürnberg nieder. Dort ist er seit Ende der 90er-Jahre als Chefredakteur eines Computer-Magazins tätig und entdeckte dabei die Fotografie als seine Leidenschaft. Seitdem erkundet Bayer regelmäßig die vielfältigen Motive in Nürnberg und Umgebung.

Danksagung und Bildnachweis

Der Autor dankt allen Bildgebern sowie anderweitigen Unterstützern herzlich für ihre Beiträge, neben den unten gelisteten auch dem Verein der Gästeführer Nürnbergs „Die Stadtführer", der Historischen Bratwurstküche „Zum gulden Stern", dem Förderverein Nürnberger Felsengänge, dem Museum Kühnertsgasse, der Projektleitung Die Blaue Nacht, der VAG Nürnberg, der Technischen Hochschule Nürnberg Georg Simon Ohm, der Stadion Nürnberg Betriebs-GmbH sowie dem 1. FC Nürnberg.

Ein besonderer Dank gilt Kerstin Jaworski und Saskia Parakenings vom Sutton Verlag, der Stadtarchäologin Melanie Langbein für den überaus hilfreichen Austausch, dem Autor Bruno Preisendörfer sowie den Mitarbeitern der Kunstsammlungen der Stadt Nürnberg und des Nürnberger Stadtarchivs für ihr Entgegenkommen.

Thilo Bayer: Vorsatz, S. 2, 4 (links), 5 (rechts), 11 (mit freundlicher Genehmigung der evangelisch-lutherischen Kirchengemeinde St. Sebald, Nürnberg), 17, 20 (mit freundlicher Genehmigung der evangelischen Kirchengemeinde St. Lorenz, Nürnberg), 23, 25, 27, 29, 35, 37 (mit freundlicher Genehmigung des Evang.-Luth. Friedhofsverbands St. Johannis und St. Rochus), 47, 48, 51, 55, 65, 73, 75, 77, 79, 81, 87, 89 (mit freundlicher Genehmigung der Bundesagentur für Arbeit), 93 (Aufnahme vom Turm der Sebalduskirche, mit freundlicher Genehmigung der evangelisch-lutherischen Kirchengemeinde St. Sebald, Nürnberg), 97, 107, 109, 111, 113, 120, Nachsatz, Einband hinten (rechts unten);

Airport Nürnberg: S. 103; Archiv der Palm-Stiftung, Schorndorf: S. 61 (oben und unten); Bayerische Schlösserverwaltung, Maria Scherf, München, www.kaiserburg-nuernberg.de: Einband vorne, S. 13; Bayerisches Hauptstaatsarchiv, München, Kurpfalz Urkunden 1: S. 19; Cinecitta Nürnberg: S. 105; DB Museum, Uwe Niklas: S. 68; Deutsche Bundesbank, Frankfurt am Main: S. 57 (oben und unten); Jhattavisuals, Karan Jhatta: S. 101; Lebkuchen-Schmidt: S. 95; Museen der Stadt Nürnberg, Kunstsammlungen, Foto Richard Krauss: S. 53; Museen der Stadt Nürnberg, Kunstsammlungen, StadtAN A47-KS-122-26: S. 15, Einband hinten (links oben); Museen der Stadt Nürnberg, Memorium Nürnberger Prozesse, Foto Christine Dierenbach: S. 85, Einband hinten (links unten); Museen der Stadt Nürnberg, Museum Industriekultur: S. 4 (Mitte), 70, 71; NürnbergMesse, Heiko Stahl: S. 115; Stadt Nürnberg, Christine Dierenbach: S. 45; Stadtarchiv Nürnberg: StadtAN A 1 Nr. 1050-07-16: S. 9, StadtAN A 11 Nr. 1218: S. 21, StadtAN A 4/VIII Nr. 25: S. 43, StadtAN A 34 Nr. 3702: S. 49, StadtAN A 7/II Nr. 407: S. 67, StadtAN 47/I Nr. KS-45-3: S. 69, StadtAN A 65/II Nr. A65-II_RA_005_D: S. 83, StadtAN A 4/XI Nr. 78: S. 91 (links), StadtAN A 38 Nr. D-52-2: S. 99, Einband hinten (rechts oben); Stadtbibliothek im Bildungscampus Nürnberg: S. 5 (Mitte), 7, 59; Finn Sünderhauf: S. 41; The Metropolitan Museum of Art, New York: S. 4 (rechts), 5 (links), 30, 31, 33, 39 (links und rechts), 63; Tiergarten Nürnberg, Tom Burger: S. 91 (rechts); Universitätsbibliothek Erlangen-Nürnberg: S. 117.

Der historische große Rathaussaal mit dem Nachbau des Peter-Vischer-Gitters.

Vorsatz: Historischer Weinstadel an der Pegnitz mit Wasserturm.
Nachsatz: Henkersteg mit Nachtstimmung.

Impressum
Sutton Verlag GmbH
Schweickhardtstraße 1
72072 Tübingen
www.suttonverlag.de

ISBN: 978-3-96303-436-7
Printed in Poland by CGS
Gestaltung und Herstellung: Sutton Verlag
Lektorat: Matthias Kunstmann, Karlsruhe

In diesem Buch wird aus Gründen der besseren Lesbarkeit das generische Maskulinum verwendet. Weibliche und anderweitige Geschlechteridentitäten werden dabei ausdrücklich mitgemeint, soweit es für die Aussage erforderlich ist.

Ebenfalls erhältlich ...

ISBN 978-3-95400-983-1

Faszinierende Aufnahmen aus dem Bestand des Stadtarchivs wecken einzigartige Erinnerungen an das Leben in der fränkischen Metropole.

SUTTON

www.suttonverlag.de